Nach der Maueröffnung trafen sie sich: die Frauen aus Ost und West. Voller Sehnsucht suchte frau nach Gemeinsamkeiten, sprach, verglich. Private Gespräche, öffentliche Diskussionen und zahllose Dialogbücher zeugen von den Verständigungsschwierigkeiten. Doch darüber wurde nur geflüstert, im vertrauten Kreis: typisch Ost-Mutti, typisch West-Emanze. Thematisiert sind die Schwierigkeiten des »stiefschwesterlichen« Verhältnisses bisher kaum. Worin liegen die Probleme der Verständigung?

Autorinnen aus Ost und West beschäftigen sich mit den Fragen der Differenz und der Prägung durch unterschiedliche gesellschaftliche Systeme. Welche Werte und Lebensvorstellungen haben Ost-Frauen und welche West-Frauen, welche Vorstellungen haben sie voneinander? Was sind die Ursachen von nicht erfüllten Erwartungen? Eine völlig neue Realität zu benennen, bedarf es der soziologischen Analyse gleichermaßen wie der journalistischen Beobachtung und literarischen Auseinandersetzung. Deshalb versammelt der Band wissenschaftliche Aufsätze sowie Beiträge von Journalistinnen und Schriftstellerinnen aus unterschiedlichen streitbaren Positionen, die immer auch mit dem Verhältnis zum eigenen Leben und zum System, in das die Autorinnen hineingeboren wurden, zu tun haben. Die Texte zeigen, daß es möglich ist, von den enttäuschenden Erfahrungen Abstand zu nehmen, die Klischees zu korrigieren – also miteinander in Verbindung zu bleiben. Sie plädieren für die differenzierte Wahrnehmung der anderen Frau, der anderen Frauengruppe, für Verständnis und Toleranz.

KATRIN ROHNSTOCK, Germanistin, Avantgardistin der DDR-Frauenbewegung, hat mehrere Bücher und das Monatsmagazin »Ypsilon – Zeitschrift aus Frauensicht« herausgegeben. Sie lebt in Berlin (Ost).

STIEFSCHWESTERN

WAS OST-FRAUEN UND WEST-FRAUEN
VONEINANDER DENKEN

HERAUSGEGEBEN VON
KATRIN ROHNSTOCK

FISCHER TASCHENBUCH VERLAG

Die Frau in der Gesellschaft
Herausgegeben von Ingeborg Mues

Originalausgabe
Veröffentlicht im Fischer Taschenbuch Verlag GmbH,
Frankfurt am Main, Mai 1994

© Fischer Taschenbuch Verlag GmbH, Frankfurt am Main 1994
Umschlaggestaltung: Ingrid Hensinger, Hamburg
Gesamtherstellung: Clausen & Bosse, Leck
Printed in Germany
ISBN 3-596-12221-X

Gedruckt auf chlor- und säurefreiem Papier

Inhalt

Vorwort

Einander unbekannt, trafen sie sich: die Frauen aus Ost und West. Voll ungeduldiger Sehnsucht suchte frau nach Gemeinsamkeiten, sprach, verglich. Verständigungsschwierigkeiten traten alsbald auf. Gescheiterte Dialoge, in denen frau aneinander vorbeiredete. Öffentliche Diskussionen und Dialogbücher zeugen davon. Ich suchte nach Erklärungen für die Differenzen zwischen Ost- und West-Frauen, aber ich fand nur Belege der Mißverständnisse.

Über diese Offensichtlichkeit wurde nur geflüstert, beim Bier, im vertrauten Kreis: Typisch Ost-Mutti; typisch West-Emanze. Thematisiert wurde die Schwierigkeit des Verhältnisses bisher kaum.

Wann ich anfing, über das stiefschwesterliche Verhältnis nachzudenken, weiß ich nicht mehr genau.

Zuerst war klar: Wir aus dem Osten sind anders als die aus dem Westen. Dann beseelte uns der feministische Mythos: Frauen verbindet die gleiche »patriarchale« Erfahrung, wir alle erleben Unterdrückung durch Männer - deshalb sind wir gleich und einig. Und wer sich gleich ist, ist einander nah: geistig und emotional. Ein absurder oder ein utopischer Gedanke?

Wenn wir eine Ähnlichkeit unterstellen, die allein aus der Geschlechtszugehörigkeit resultiert, so interessierte mich dennoch die Frage der Differenz und mit ihr die Frage der Prägung durch unterschiedliche gesellschaftliche Systeme. Welche Werte und Lebensvorstellungen haben Ost-Frauen und welche West-Frauen, welche Vorstellungen haben sie voneinander? Worin liegen die Probleme der Verständigung? Warum wurde die kurze Phase der Offenheit so schnell abgelöst vom Aneinandervorbeireden, von Enttäuschung und Schweigen? Tabuisieren wir Differenzen, kulturelle Fremdheit, weil wir nicht damit umgehen können? Diese Fragen beschäftigen besonders in Berlin, der Stadt, in der die Unterschiede täglich aufeinanderprallen, in der die Gegensätze und Spannungen größer werden.

Nach dem Mauerfall hatte ich keine Berührungsängste. Ich liebe die Auseinandersetzung und das offene Streiten, das ich als Impuls der geistigen Weiterentwicklung verstehe. Doch bald kam die Erfahrung, daß Streiten zu Trennung führt. Und daß es ums Siegen geht. Siegreich aber - so schien es mir - blieben die Frauen, die die Verhältnisse kannten.

Ich war oft voller Wut auf West-Frauen, genauso wie ich von ihnen hörte, daß sie wütend auf uns sind. Jede ist auf jede wütend - es entstehen Kommunikationssperren; nach den Ursachen von Enttäuschungen und nicht erfüllten Erwartungen wird nicht gefragt.

Frau lernt sich nicht kennen. Die Erlebnisse gerinnen zu Klischees, gemischt aus Angst und Abwehr, in die alle Entrüstung über die Entwicklung der letzten Jahre hineinprojiziert werden: »Typisch«, heißt es im Alltagsjargon.

Mit diesem Buch möchte ich Anstoß zu einem besonneren Umgang miteinander geben, zu einem neuen Aufeinanderzugehen. Wir brauchen Zeit zu ruhigen Überlegungen außerhalb eines Dialogs, der oft zu vorschnellen Reaktionen verleitet.

Ich möchte Raum geben, die Differenzen zu benennen und unerwidert gelten zu lassen, nicht das eine zum Maßstab des anderen zu erklären. Denn was heute als Maß gilt (der Westen), ist nicht, was die Mehrheit der Frauen braucht und wünscht: 80% wünschen sich, Familie und Beruf vereinbaren zu können. 1992 fanden deshalb 82% der Frauen in den neuen Bundesländern, daß der Sozialismus die bessere Gesellschaft gewesen sei, er sei nur schlecht verwirklicht worden.

Eine völlig neue Realität zu benennen, bedarf es der soziologischen Analyse gleichermaßen wie der journalistischen Beobachtung und literarischen Auseinandersetzung. Deshalb habe ich wissenschaftliche Aufsätze neben Beiträge von Journalistinnen und Schriftstellerinnen gestellt.

Zunächst sprach ich ebenso viele Ost- wie West-Frauen an: Aber die West-Frauen hatten mehrheitlich keine Lust, keine Zeit, keine Nerven, sich dem Thema zu widmen. Um Verständigungsbereitschaft zu signalisieren, sprach ich auch Frauen an, mit denen ich Zerwürfnisse erlebt hatte. Ich stieß auf eine undurchdringliche Mauer der Ablehnung, die mir sagte: Wir haben nichts miteinander zu tun, die Trennung ist endgültig.

Von den Ost-Frauen dagegen erhielt ich zunächst Beschreibungen, die Differenzen vorsichtig andeuteten und harmonisch gestimmt waren oder sich mit den politischen Verhältnissen im allgemeinen auseinandersetzten.

Ich wollte ein Buch, das nicht um den heißen Brei herumredet, das Konflikte und Enttäuschungen, so unterschiedlich sie sein mögen, benennt. So suchte ich Frauen, die zur Offenlegung bereit waren. Ich danke allen Autorinnen dafür.

Die jetzt vorliegende Sammlung ist eine Mischung von sehr unterschiedlichen Positionen, die immer auch mit dem Verhältnis zum eigenen Leben, zu dem System, in das man hineingeboren wurde, und zur Welt zu tun haben.

Es mag sein, daß es jetzt die Möglichkeit und eine Bereitschaft gibt, von den enttäuschenden Erfahrungen Abstand zu nehmen, die Klischees zu vergessen und sich tatsächlich aufs Zuhören (und Nachlesen) einzulassen - also miteinander in Verbindung zu bleiben. Das ist die wesentliche Voraussetzung für die differenzierte Wahrnehmung der anderen, der anderen Frauengruppe, der anderen Frau, für Verständnis und Toleranz.

Möge dieses Buch die Lust am Streiten entfachen, die Differenzen enttabuisieren und uns Frauen bereitmachen, sie auszuhalten. Damit die Fremdheit nicht zu Haß wird.

Das wünsche ich mir - und uns allen.

Berlin, im Juni 1993
Katrin Rohnstock

Wie viele West-Frauen kenne ich inzwischen gut genug, um verallgemeinern zu können? Versuche ich nicht nur, meine Klischees zu füttern?

In meinem Adreßbuch stehen 36 weibliche Namen mit westlicher Anschrift, Frauen mit denen ich befreundet bin oder öfter beruflich zu tun habe. Ohne mich jetzt damit aufzuhalten, was das bedeutet, unterstelle ich, daß sie emanzipiert sind, genauso wie die 60 Inhaberinnen östlicher Adressen in meinem Buch. Bei erster, grober Annäherung scheinen mir alle gleich vertraut, und mir fallen kaum Unterschiede ein. Alle Mütter lieben und verwöhnen ihre Kinder gleichermaßen, sind ähnlich zärtlich, besorgt und gestreßt. Da scheint es grenzüberschreitende Prägungen zu geben. Aber wie viele von ihnen sind Mütter? Im »Spiegel« las ich vor der Vereinigung, daß im Westen 33% der Frauen zugunsten ihrer Karriere bewußt auf Kinder verzichten, im Osten nur 0,5% Das konnte ich kaum glauben. Jetzt kommt mir die Idee, dieses Verhältnis an Hand der ganz subjektiven Auswahl meines Adreßbuches zu überprüfen. Nie zuvor habe ich mir das bewußtgemacht: Keine Kinder haben 8% meiner östlichen, aber 47% meiner westlichen Freundinnen und Bekannten! Im emanzipierten, akademisch-künstlerischen Bereich scheinen die Schwierigkeiten, Kinder im Berufsleben zu plazieren, also überdurchschnittlich groß.

Selten ist es mir gelungen, mit den kinderlosen West-Frauen über dieses Thema offen zu reden. Ein Gefühl von Entbehrung wird kaum artikuliert, es handelt sich um eine tabuisierte Zone. Durchblicken lassen - wenn überhaupt - eher älter werdende Frauen, für die sich der Wert beruflicher Erfolge langsam relativieren muß und die einem enkellosen, also recht ruhigen Ruhestand entgegensehen, daß der Preis womöglich zu hoch war.

Da ich selbst mich erst relativ spät zu Mutterfreuden entschlossen habe, weiß ich aus meiner kinderlosen Zeit, daß dies wohl der sensibelste Punkt im Leben einer Frau ist, und will daher über verständliche Schutzmechanismen in keiner Weise richten. Hier sollen ja nur Beobachtungen benannt werden.

Ost-Frauen sind berufstätig. West-Frauen sind erwerbstätig. Dabei scheinen mir die westlichen Kolleginnen irgendwie perfekter. Sie treten selbstsicherer auf, sind rhetorisch gewandter und argumentieren nicht so zurückhaltend.

Ausnahmslos alle beherrschen eine Fremdsprache besser, viele haben als Au-pair-Mädchen oder Studentin einige Monate im Ausland verbracht. Sie sind es gewöhnt, auf internationalen Kongressen aufzutreten, und scheinen sich nicht daran zu stören, daß die Gattinnen ihrer zahlenmäßig natürlich weit überlegenen männlichen Kollegen sich derweil beim parallel laufenden Damenprogramm vergnügen.

Die West-Frauen sind irgendwie offener und beweglicher in ihrer Lebensplanung. Nicht selten haben sie und ihr Partner getrennte Wohnungen. Oft sind sie auch einfach Singles, die ihren Beruf (über alles?) lieben und bereit sind, rund um die Uhr für die Firma oder das eigene Unternehmen oder Projekt da zu sein.

Überhaupt die Projekte. Viele meiner z.T. arbeitslosen westlichen Freundinnen (Historikerinnen, Politologinnen, Autorinnen, Lektorinnen, Musikerinnen, Grafikerinnen usw.) haben eine beachtliche Fähigkeit, Projekte auszudenken oder aufzutreiben und die Geldgeber gleich dazu. So leben sie im Zweijahresrhythmus beneidenswert gelassen (und lässig gekleidet) von Projekt zu Projekt. Das Projekt Mann wird dabei mal eben eingetaktet, das Projekt Kind – aber das hatten wir schon. Wir aus unserem einst geregelten Ostleben sehen bewundernd auf soviel Abenteuer und übersehen leicht die Härten.

Bei den Angestellten geht es schon etwas gestrenger zu, was sich auch in der ungeschriebenen Kleiderordnung zeigt. Das weibliche Pendant zum beschlipsten Yuppie zeigt eine Büro- und Geschäftseleganz, die es so im Osten nicht gab: teures Tuch bieder verarbeitet. Wobei die innere Unabhängigkeit von Vorbildern aus der Werbung nicht immer proportional zur Bildung ist.

Die West-Frauen brauchen immer noch weniger Kraft für die Reproduktion des täglichen Lebens, was sich vorteilhaft auf ihr Outfit auswirkt. Sie sind viel leistungs- also gesundheitsbewußter, auch wenn sie sich nicht wie die Amerikanerinnen ununterbrochen mit Joggen, Aerobic und Fitneßtraining elastisch halten.

Während die Ost-Frauen nun endlich auf vitaminreiche Kost achten können, sind sie längst auf cholesterinarme bedacht. Sie kochen vegetarischer und benutzen Zutaten, die uns im Traum nicht einfallen würden. Neulich bekam ich einen exotischen Gemüseauflauf auf schmackhaft zubereiteten Graupen serviert.

Die Vertreterinnen der westlichen Frauenbewegung haben ein kritischeres Bewußtsein von den Folgen patriarchalischer Gesellschaftsstrukturen als ihre östlichen Mitstreiterinnen. Sie sind resoluter, herber und konsequent männerfeindlich. Die Vorstellung, die Welt gemeinsam mit den Männern freundlicher machen zu können, halten sie für grenzenlos und grenzenbedingt naiv.

So ist das wohl alles. Aber auch ganz anders.

Die Christinen

Ob ich über sie schreiben darf? Na klar.

»Wir dachten schon, wir müßten das selbst mal machen, wenn sich sonst kein Schwein für uns interessiert«, sagt meine Freundin Chris am Telefon.

Wir verabreden uns.

Zwei Abende später, Punkt acht, klingelt es an meiner Tür. Tine steht draußen.

»Hallo«, sagt sie mit ihrer dunklen Stimme und tätschelt mir den Arm. »Chris kommt gleich.«

Kaum hat diese in spitzen Stiefeletten den letzten Treppenabsatz erklommen, fragt Tine:

»Hast du den Benzinhahn zugedreht?«

»Halt bloß die Luft an«, zischt Chris zwischen zwei kräftigen Schnaufern.

Und dann sitzen sie an meinem Eßtisch: die rothaarige, stämmige Christine Sch., kurz Chris, ihr gegenüber die dunkle, schlanke Christine B., unter Freundinnen Tine genannt.

»Die deutsch-deutsche Vereinigung in ihrer schönsten Form«, wie Chris zu sagen pflegt.

Sie begann in...

»New York«, Tine seufzt und verdreht die blauen Augen.

Genauer gesagt im »Metropolitan Museum« an einem schönen Frühsommertag des Jahres 1990.

»Tine stand verloren im Foyer, und ich kam, sah und rettete sie«, lautet Chris' Version.

»Du hast ja 'nen Knall. Ich stand an der Kasse und versuchte die fünf Dollar Eintritt herunterzuhandeln, als du dich plötzlich von hinten vorgedrängelt und gefragt hast: ›Ahr juu from Tschörmoney, känn ei hälp juu?‹«

»Nee, Quatsch, laß mich doch mal.«

»Nöö, ich bin dran.«

So geht das eine Weile zwischen der schönsten deutsch-deutschen

Vereinigung hin und her: Nö und doch und weeßste noch und stimmt, gell?

»Auf jeden Fall war's Liebe auf den ersten Blick, und der Schwarze in der Garderobe vom Met fragte uns beim Rausgehen, ob wir Schwestern seien, und ich sagte: ›No, cousins‹, und Tine sagte: ›Auf eine West-Schwester kann ich echt verzichten.‹ – Die blöde Kuh«, faßt Chris Akt eins zusammen und greift gleichzeitig nach Tines Hand.

»Selber«, sagt die.

Der Honeymoon und alle weiteren Akte spielen in Berlin. In der Nacht vor der Währungsunion lud Tine Chris für ihr letztes »Indianergeld« zu »Hühner-Gustl« ein und auf ein Bier in der »Letzten Instanz«; sie küßten sich auf den Spreebrücken und unterm Funkturm auf dem Alex. Die Nacht zum 3. Oktober verbrachten sie zusammen im Bett.

»Wo sonst?«

Und dann, na ja, ist allmählich vereinigter Alltag geworden.

Tine arbeitet in Ostberlin als Jugend- und Kinderpsychologin – früher in einer Ehe- und Familienberatungsstelle, heute bei einem freien Träger. Dazwischen aber liegen mittelschwere Krisenzeiten, denn Tine hatte »totale Existenzängste«, als ihrer alten Arbeitsstelle die Abwicklung drohte. Dieses »Tränental« ist erst mal überwunden. Tine verdient inzwischen sogar mehr, weil regelmäßig, als Chris, die sich als »freie« Dokumentarfilmerin durchs Leben schlägt.

»Die Geldfrage hat uns schnell in das klassische Wessi-Ossi-Verhältnis gebracht. Als Wessi hab' ich nicht nur einen Wissensvorsprung, was die gesellschaftlichen Spielregeln hier betrifft, dazu hatte ich die erste Zeit auch noch mehr Kohle. Das gab manchmal üble Komplikationen.«

Die stolze Tine tat sich schwer, einen »Finanzausgleich« zu akzeptieren in Form von Einladungen zum Essen und Urlauben.

»Ich mußte Tine immer überreden, daß das keine Almosen sind, sondern ein gerechter Transfer, der sich umkehrt, sobald sie die bessere Partie ist«, grinst Chris.

Tine ist also keine Verliererin der deutschen Einheit?

»Nöö, seh' ick so aus? Mein Leben ist stressiger geworden, aber dadurch auch spannender. Es läßt sich jetzt besser streiten, und ich versuche, meinen dicken Kopp wo immer durchzusetzen. Ich fühle mich jetzt anderen Zwängen ausgesetzt, aber die find' ich nicht schlimmer, vielleicht ein bißchen angenehmer als früher. Bloß was mich anstinkt, daß ich für die gleiche Arbeit gerade mal 80% von dem bekomme, was meine Westkolleginnen einstecken.«

Schon ist Tine in Rage.

»Geeeld!« Chris stöhnt. »Noch nie im Leben hab' ich so oft über Geld gesprochen wie in den vergangenen zweieinhalb Jahren. Die Geldfrage ist immer präsent. Diese absolute Orientierung aufs Materielle. Wo du hinguckst, immer nur mehr wollen, haben, haben, haben, und immer das Neueste. Ich hab früher meist gebraucht gekauft, alles: Klamotten, Waschmaschinen, Fernseher, Kühlschränke, Autos, aber Tine will alles neu.«

»Also bleib mal auf dem Teppich, ihr habt uns das ja vorgemacht. Und du machst um keinen Konsumtempel einen Bogen. Ich denk' da nur an deinen Schmuck- und Schuhtick.«

Tine ist wütend.

»Mensch«, Chris wird ziemlich laut, »ich sag' ja auch nicht, daß ich außerhalb dieses Trends lebe, aber ich merke, daß mich dieses ständige Kreisen ums Geldverdienen und Geldausgeben richtig wurmstichig macht. Früher war das alles nicht so wichtig.«

»Früher, früher war auch nicht Doitschland«, sagt Tine mit spitzen Lippen und angewiderter Miene. »Früher verdiente ich 800 Ostmark, zahlte 25,30 DM im Monat für meine Bude und hatte keine Anmeldung auf einen Trabi und kein Telefon. Ich wußte, ich würde als alleinlebende Frau nie reich, aber es würde bis zum Lebensende reichen. Jetzt arbeite ich doppelt so hart und verdiene das Dreifache, zahle für meinen Trabi 400 DM Versicherung im Jahr und für meine Bude das Fünffache im Monat. Und ich weiß, daß ich heute genauso wenig eine andere Wohnung finde wie früher, und wenn ich sie finde, dann kann ich sie nicht bezahlen. 2500 DM Kaltmiete verlangen die Verbrecher inzwischen für eine Dreiraumwohnung sogar in Kreuzberg, hab' ich gestern in der Zeitung gelesen.« Tine tippt sich an die Stirn.

Chris und Tine suchen eine Wohnung. Sie wollen zusammenzuziehen. Die Woche über sehen sie sich kaum, und die Wochenenden beginnen meist mit einem Streit: »Gehen wir zu mir oder zu dir?« Das ständige Ost-West-Pendeln mit diversen Plastiktüten haben sie satt, träumen statt dessen von einer hübschen Dreizimmerwohnung – gern auch in Ostberlin. Aber ein bißchen Komfort sollte schon sein, findet Chris. Sie lebt derzeit in einer gut ausgestatteten Kreuzberger Wohngemeinschaft. Vielleicht wäre da auch Platz für Tine, aber die kriegt schon beim Wort »WeGe« die Krätze. Vier Jahre im Vierbett-zimmer im Studentenwohnheim sind genug, und sie beneidet Chris um ihre 15jährigen WG-Erfahrungen nicht die Bohne. Tine lebt seit zehn Jahren in einer Ein-Raum-Dachwohnung mit Kohleheizung und ohne Bad im Prenzlauer Berg und meint, daß sie ein bißchen mehr Luxus inzwischen verdient hat.

Manchmal gehen die beiden schon mal Möbel angucken für ihr zukünftig gemeinsames Domizil. Und sie träumen von einem Tür-schild, auf dem zweimal der Doppelname Christine B.-Sch. steht. Nur so zum Spaß. Und nur so zum Spaß reden sie manchmal von-einander als »meine Frau Christine«. Das haben sie von Hella von Sinnen gelernt. Von deren Kampagne für die »Homo-Ehe« halten sie hingegen nicht viel.

Ob eine solche Verbindung zwischen diesen beiden unterschiedli-chen, wiewohl heftigen Temperamenten wohl gutginge? Keine Ah-nung. Chris ist ziemlich skeptisch. Sie scheut sich vor zu festen Be-ziehungen und fühlt sich von Tine manchmal über ein verträgliches Maß hinaus »kontrolliert«.

»Vielleicht laß' ich mich von Tine so an die Kandare nehmen, als Ausgleich für meine größere soziale Kompetenz? Verstehst du das?«
Nein.

»Wie soll ich sagen, ich weiß, daß ich in vielen, nennen wir es ›ge-sellschaftlichen Dingen‹ die wichtigste Referenz für Tine bin. Ich bringe ihr, bewußt und unbewußt, Umgangsformen mit dieser Ge-sellschaft bei. Ich habe, ob mir das recht ist oder nicht, also einen Kompetenzvorsprung, den ich aber in unserer psychisch-emotiona-len Beziehung nicht behaupten kann. Da hat Tine mehr das Sagen – auch in praktischen Alltagsdingen.«

Tine guckt skeptisch, Chris lächelt vermittelnd:

»Da verknäuelt sich eben alles: die zwanghafte Rollenteilung in Paarbeziehungen, denen auch lesbische Paare selten eine positive Alternative entgegensetzen können, schon weil's an Vorbildern fehlt, mit dem Hang von Frauen zur Symbiose und mit unserer Ost-West-Unterschiedlichkeit.«

Chris analysiert gern. Tine gähnt.

Was hat sie zur Ost-West-Differenz zu sagen?

»Na nüscht. Unsere Unterschiede und Unverträglichkeiten haben mit unseren Dickköpfen zu tun, ich witter' da nicht ständig einen Ost-West-Konflikt. Da wirst du ja blöde bei.«

Sie erinnert sich nämlich noch zu gut, wie ihr Chris am Anfang ständig einen Kulturschock einreden wollte. »Das hat mich so wütend gemacht, daß ich einen richtigen Block kriegte.«

Geschockt hat sie schon einiges: Als Tine von Chris in deren neugierigen und indiskreten Freundinnenkreis eingeführt wurde, fand sie zuerst die »affektierten West-Weiber« ja ganz amüsant und ein bißchen wie Kino, aber dann nervte es sie bald, als »Ossi-Exemplar« mit allen Vorurteilen und Meinungen über Ossis verglichen zu werden. »Ich kam mir vor wie im Zoo.« Verletzungen von arroganten oder dummen Sprüchen sind geblieben, auch wenn Tine auf hart im Nehmen macht. So erinnert sie sich zu genau an ein gemeinsames Abendessen mit einer von Chris' Freundinnen.

»Die hat mich zwei Stunden überhaupt nicht beachtet, nicht einmal angeguckt und dann plötzlich gefragt: ›Und wie hältst du es eigentlich mit deiner Vergangenheit?‹ Ich bin fast vom Stuhl gefallen.«

Eine andere von Chris' Freundinnen tratschte einmal über eine Bekannte: »Die hat jetzt so 'ne kleine Ost-Braut«.

»Und das war ganz klar ein Seitenhieb auf Chris und mich.« Tine ist einen halben Kopf größer als Chris.

»Warum hast du nichts gesagt, du bist doch sonst so schnell mit ätzenden Sprüchen?« Chris dreht und dreht ihren großformatigen Glitzerohrring nervös durch die Finger.

»Weil ich baff war über einen solchen Scheiß aus dem Munde deiner oberfeministischen besten Freundin.«

»Hätt' ich mich dazwischen werfen sollen? Das hätt' ja blöde nach Protektionismus gestunken, und du hättest mich dafür gehaßt.«

»Duu, klar hätte es mir gefallen, wenn du ein Stück weit das Schwert gezogen und irgendwie ›Satisfaktion‹ gebrüllt hättest oder so, duuu.« Tine, die echtes Talent zur Komikerin hat, lacht schallend. Das steckt an.

»Die pädagogische Arbeit mit deinen bornierten Freundinnen ist mir einfach zu öde. Richtig übel aber nehm' ich dir, daß du hinterher, wenn wir alleine sind, deine Freundinnen auch noch in Schutz nimmst und immer alles verharmlost, nach dem Motto: Du bist einfach viel zu empfindlich.«

Chris ist das Lachen vergangen. Sie streicht sich hektisch durch die roten Stoppeln.

»Warum hör' ich das hier zum erschte Mal? Ich kann's echt net leide!«,

Tine zuckt die Schultern.

»Vielleicht weil dich jede Kritik meinerseits an deinen heiligen Freundinnen sturzbetroffen macht und du dich, dein vielgepriesenes ›soziales Netz‹ oder deinen ›Lebensstil‹ angegriffen fühlst.«

»Du spinnst ja«, faucht Chris.

»Danke«, sagt Tine.

Betretenes Schweigen. Der Abend scheint gelaufen.

»Laß uns darüber zu Hause in Ruhe reden«, schlägt Chris Tine ziemlich zerknirscht vor. »Das ist eben bei uns auch so ein wunder Punkt: Tine kann meine Freundinnen nicht leiden oder legt keinen Wert aufs Zusammensein. Sie möchte am liebsten immer nur mit mir allein sein, und das bin ich nicht gewöhnt. Ich bin eine soziale Person und bewege mich gern in größeren Zusammenhängen, ständige Zweisamkeit find' ich bedrohlich.«

»Das stimmt so überhaupt nicht. Wie oft geh' ich mit zu irgendwelchen Veranstaltungen, Festen, Partys. Aber glaubst du, es macht Spaß, ständig als dein exotisches Anhängsel aus dem Osten beglotzt und behandelt zu werden?«

Tines leicht metallische Stimme ist jetzt richtig schneidend.

»Liebe Güte, mir kommen gleich die Tränen.«

Chris scheint froh, ihre Schuldgefühle gegen Wut eintauschen zu können.

»Warum hast du dir dann so eine gesucht, wenn du nur das Opfer bist?«

»Erstens hab' ich dich nicht gesucht, zweitens bin ich kein Opfer.«
Tine hat sich die Designerbrille heruntergerissen und fuchtelt mit dem Zeigefinger Chris unter der Nase herum.

»Außerdem bist du ja auch nicht gerade Fan meines Freundeskreises oder meiner Familie. Da kriegst du nach 'ner Weile immer deine Depressionen.«

Das geht so eine Weile hin und her.

»Wir streiten uns eben über alles und nichts, über volle Mülleimer und ungelegte Eier. Meistens ist es sinnlos – manchmal aber auch bewußtseinserweiternd.«

Chris wirbt um Verständnis, die Szene ist ihr sichtlich peinlich.

»Um noch mal auf die Ost-West-Differenzen zurückzukommen«, kriegt Tine die Kurve, »es ist einfach so, wir leben recht isoliert und ein bißchen zwischen den Welten.«

Zwischen den Welten. Das heißt, daß beide inzwischen ein relativ differenziertes Bild von Land, Kultur und Geschichte der anderen haben. »Den Ossi« gibt es für Chris schon lange nicht mehr. Dafür kennt sie zu viele und zu viele verschiedene.

»Außerdem bin ich gern im Osten, war seit Anfang der 80er Jahre ein DDR-Fan, natürlich nicht von Honecker und der SED, aber von Land und Leuten. Es klingt vielleicht komisch, obwohl ich keine familiären Beziehungen nach drüben hatte, hatte ich immer das Gefühl, ein Teil meiner unbekannten Geschichte läge dort. Und ich war lange, bevor ich Tine kennenlernte, in die Landschaft verliebt, aus der sie stammt. Komisch, gell?«

Tine stammt aus Mecklenburg, lebt aber seit 25 Jahren in Berlin. Chris kommt aus einem Nest im Südschwarzwald, siedelte Anfang der 80er Jahre zum Hausbesetzen und Studieren nach Berlin um. In ihren Kreisen gilt sie als »Ossi-Freundin«, und in ihrer Gegenwart machen Ossi-Witze keinen richtigen Spaß. Sie guckt dann immer gleich so streng, und außerdem weiß sie alles besser. Sie weiß sogar, was eine POS war, ein ZV-Lager, eine GOL, ein ABV, SeRo und »Präsent 2000«. Am liebsten läuft sie mit einem kleingeblümten Nylon-Einkaufsbeutel »made in GDR« herum, den Tine wegen seiner spießigen Schäbigkeit nie in die Hand nimmt.

Tine hört von ihren KollegInnen immer öfter: »Du redest wie ein Wessi.« Selten wird sie für eine Ossi gehalten. Sie trägt nur Markenklamotten. »Sie ist ein Snob«, sagt Chris. Tine findet das recht und billig, früh verwöhnt von einer West-Oma, die immer die »guten Sachen von drüben« geschickt hat. Während ihrer Studentinnenzeit wurde Tine öfters in der Buchhandlung an der Kasse gefragt: »Zahlen Sie West oder Ost?«

Hat ihr das geschmeichelt?

»Ach weeßte, nöö«, berlinert Tine.

Am Anfang ging das Chris auf die Nerven.

»Ich hab' nie gedacht, daß ich mich mal ernsthaft in eine Person von nördlich des Mains verlieben könnte.«

Tine hat eine schöne, etwas scharfe Stimme. Sie ist sprachbegabt, spricht meist ein blendendes Hochdeutsch, berlinert bei Gelegenheit, was das Zeug hält, und kann Chris' Südschwarzwälder Singsang bereits täuschend echt nachahmen. Moderatorin beim SFB – das wäre ihr Traumjob gewesen.

»Schade«, findet Chris, »ich hätt' sie sicher noch lieber gehört als Gesine Strempel, und wenn mir das viele Gequatsche auf den Senkel gegangen wär', hätt' ich einfach ausgeschaltet.«

»Aua«, Tine hat ihr unterm Tisch eine vors Schienbein getreten.

Chris redet auch nicht gerade wenig, aber langsam. Chris' Langsamkeit, nicht nur beim Sprechen, bringt Tine manchmal zur Weißglut.

»Sie braucht für alles doppelt so lang.«

Chris haßt Tines Ruhelosigkeit. Im Museum ist Tine in 30 Minuten durch, und wenn Chris drei Stunden in der Sonne liegen will, hat Tine nach einer Stunde garantiert genug. Dabei ist Chris nicht faul.

»Sie ist workaholic«, sagt Tine.

Am Anfang konnte sie's nicht fassen, wenn Chris sie ein oder zwei Stunden über die verabredete Zeit hinaus warten ließ und dann kam und sich entschuldigte, sie hätte im Schneideraum noch unbedingt was fertigmachen müssen.

»Ich hab' ihr Szenen gemacht, bis ich kapierte, daß dahinter nicht Geringschätzung, sondern eine andere Einstellung zur Arbeit steckt.«

Tine findet es komisch, daß den DDR-Leuten, besonders den Frauen, eine viel stärkere Identifikation mit der Berufsarbeit nachgesagt wird.

»Ich kann viel besser Job und Freizeit trennen als Chris. Die meisten Wessis sind doch arbeitssüchtig.«

Eine letzte Frage: Was vereint die beiden eigentlich?

»Gut essen, gut Liebemachen und Verreisen«, zählt Chris grinsend auf.

»Paddeln hast du vergessen!«

Damit sind die beiden bei ihrem Lieblingsthema. Letztes Jahr haben sie sich ein altes Faltboot gekauft, und seitdem verbringen sie die Sommerwochenenden auf den Mecklenburger Seen. Verzücktes Schwärmen – und beinahe hätten sie noch mal die Geschichte erzählt, wie sie einmal rückwärts in einem Wehr trieben und dort steckenblieben, und das Wasser ins Boot schoß und sie beinahe absoffen …

Chris möchte am liebsten immer im Osten verreisen, ob Ostsee oder Harz – und nicht nur, weil es dort noch billiger ist. Sie reizt »dieses Übergangsstadium von Noch-DDR zur Schon-BRD, das gibt oft die groteskesten Mischungen. Es ist dort noch nicht so geleckt und gestylt und noch nicht so langweilig.«

Dafür nimmt sie auch das meist schlechte Essen in Kauf. Tine haßt schlechtes Essen und liebt Italien – vor allem die italienische Küche.

»Das beste an der Wende sind die Meeresfrüchte«, schwärmt sie.

Und dann verlieren sich die beiden in schwelgerischen Erinnerungen an Wohlschmeckendes und debattieren ihre Leibgerichte. Es wird noch ein langer Abend.

»Ich hab' Knast«, stöhnt Tine irgendwann, »los, laßt uns noch in 'ne Pizzeria fahren.«

Ich lehne dankend ab, denn mir schwirrt der Kopf, begleite die beiden aber noch hinunter.

»Unsere Trabantin«, sagt Chris und deutet stolz auf eine ziemlich verschrammte giftgrüne Pappe im Parkverbot.

»Das ist meine«, protestiert Tine und schließt das Auto auf. »Und außerdem hast du den Benzinhahn tatsächlich wieder offengelassen, verdammt noch mal.«

Die Karre ruckelt an, und durch das Geknattere höre ich Tine rufen: »Vergiß nicht zu schreiben: ›Das beste an der Wende sind Chris und die Meeresfrüchte.‹«

Elisabeth Wesuls (Ost)
Wo wir doch jetzt die Freiheit haben

Es ist noch nicht lange her, da sind wir auf unglaubliche Weise die DDR losgeworden. Jetzt sollten wir uns freuen, befreit sein – erlöst, statt dessen haben wir Beschwerden. Warum sind wir nicht glücklich? Man fragt uns das, wir fragen es uns selbst, ein Unterton von Vorwurf und Verständnislosigkeit im Raum. Nur mit dem Kopf können wir uns vorrechnen, daß wir viele Übel mit der DDR losgeworden sind. Unsere allgemeine Stimmung hält uns sogleich vor, daß neue Bedrängnisse an ihre Stelle getreten sind, und viele gleichen den alten auf fatale Weise. Wir sind sprachlos. Wir sind mutlos.

Unsere Gegenüber sind es auch – schließlich sind sie uns mit offenen Armen entgegengegangen, aber anstatt daß auf der anderen, unserer Seite auch Freude aufgekommen wäre – nein, nach dem Überschwang, nach dem Interesse des Anfangs Verbitterung, gar Ablehnung. Die, die uns so entgegenkamen, fühlen sich abgewiesen wie Eltern, die ihren Kindern doch das beste (was sie haben) geben wollten, und die Kinder erklären ihnen, daß sie gerade ganz andere Probleme haben.

Das muß Verwerfungen geben. Auf der Seite der Ostler ist es Bitterkeit, daß da (wieder) andere wissen wollen, worüber wir uns freuen sollten, was uns glücklich machen müßte. Eine Bevormundung? Eine Überhebung, mit der man uns beibringt, wir wüßten nicht einmal, was uns guttut, derweil man die tatsächlichen Probleme nicht wahrhaben will. Der Westen hingegen fühlt sich brüskiert: Schließlich hat man es gut gemeint, anstatt froh und dankbar zu sein, stellen diese Unbedarften nur Ansprüche, sie kritisieren, was ihnen, den Angestammten, hoch und heilig ist.

Denn heilig ist vielen Alt-BundesbürgerInnen tatsächlich etwas, sie nennen es *die Freiheit*. Am Anfang dachte ich, ich wüßte, was gemeint ist, wenn jemand von *der Freiheit* sprach. Später wunderte ich mich, wofür sie alles herhalten muß – noch später bin ich mir überhaupt nicht mehr sicher, was es denn bedeuten soll, wenn man mir sagt, daß wir ja nun *die Freiheit* hätten. Zumindest hört es sich immer so an, als seien damit alle Probleme gelöst, jedenfalls die grundsätzlichen. Und ich entnehme den Reden, daß *die Freiheit* der Gesellschaft der BRD von Grund auf eingegeben ist, ihr sozusagen unverrückbar innewohnt. Sie war es, was die BRD zum genauen Gegenteil der gewesenen DDR machte: Da waren die Menschen unfrei, was man am besten daran sehen konnte, daß sie nicht reisen konnten.

Ich bin als eine aus dem Osten gegenüber den meisten aus dem Westen natürlich in einer bevorzugten Lage, für die ich nichts kann, die mich aber urteilsfähiger macht, als sie es sein können: Ich kenne jetzt beide Systeme aus leibhaftiger Erfahrung, ich kann sie aus eigenem Erleben vergleichen, dies ist den allermeisten, die mir jetzt sagen, ich müßte doch froh sein, wo wir jetzt *die Freiheit* haben, nicht vergönnt. Die Aneignung der entsprechenden Lebenserfahrung will ich ihnen aus einfacher Freundlichkeit auch nicht eben wünschen. Die Sicherheit jedoch, mit der sie offensichtlich Vergleiche zwischen meinem früheren und meinem jetzigen Dasein anstellen, verblüfft und verärgert mich: Sie glauben tatsächlich über etwas Bescheid zu wissen, das sie bestenfalls besuchsweise kennen.

Was ist das aber nun, *die Freiheit.*

Es ist im Herbst 1991, ein Treffen eines Fördervereins für Künstlerinnen in München. Ich bin wie sechs andere Frauen aus dem Osten als Gast eingeladen, zum gegenseitigen Kennenlernen. Es ist immer noch aufregend, daß wir jetzt so einfach nach München fahren können. Es ist gut. Etwas anderes läßt die meisten aus der ehemaligen DDR nicht so recht froh sein – sie sehen jetzt die schlimmen Arbeits- und Lebensbedingungen auf sich zukommen, unter denen die westdeutschen Künstlerinnen seit jeher arbeiten und existieren. Im Gespräch klagt eine aus dem Osten denn auch über die Gefährdung der Kindergartenplätze, die sich verschlechternden Chancen von Frauen im Beruflichen allgemein. Worauf eine Mittfünfzigerin aufsteht, mißmutig über die ewige Nörgelei aus dem Osten: »Sie (die Frauen im Westen) hätten sich alle einmal entscheiden müssen, ob sie Beruf oder Kinder haben wollten.«

Den Frauen aus dem Osten bleibt die Luft weg. Ein Schlag vor die Brust. Wenn sie nicht zwei oder drei Kinder haben, dann haben sie zumindest ein Kind. Wenn sie keins haben, ist es mehr ein Zufall als ein Beschluß. Einen Beruf haben sie alle, und sie arbeiten auch in ihm, wovon hätten sie leben sollen. Ihnen wird kühl. Wenn das mit solcher Bestimmtheit gesagt wird, muß es so absolut noch nicht zutreffen, aber es wird etwas dran sein. Die Frau hätte uns nichts Grotteskeres sagen können – wo jede von uns seit Jahren diesen verzwickten Kampf bestreitet – Kinder, Beruf, Partner, sich selbst zusammen auszuhalten, zusammenzuhalten, zusammen auszuhalten. Keine ist immer glücklich dabei, immer bleiben Defizite auf allen Seiten. Aber wenn die Frauen auf einen Teil ihres Lebens verzichten könnten, hätten sie es längst getan.

Uns beschleicht die Ahnung, daß die neuen Umstände unsere Lebensentscheidungen unterderhand falsch werden lassen könnten, und wir könnten nichts dagegen tun. Wir befinden uns mit unserer tatsächlichen Biographie im falschen Film – bald wird man uns sagen, daß unsere Biographie die falsche ist.

Der Satz dieser Frau, es ist ihre Erfahrung, er ist für uns die Aufforderung, sich zwischen zwei unverzichtbaren Selbstverständlichkeiten zu entscheiden. Und das als Normalität. Ich wundere mich nicht das erste Mal, was man ihnen als Freiheit hat verkaufen können. Wenn ich wütend bin, bewundere ich eins an diesem Staat Bundesrepublik Deutschland – wie er es geschafft hat, einem Großteil seiner Leute einzureden, sie seien frei.

Freiheit, das höre ich mehrmals auf dieser Tagung von den eher bürgerlichen Damen, sei die Abwesenheit von Staat. Man will keinen Staat, auch keinen, der Kindergartenplätze bereitstellt. Staat ausschließlich als Bevormundung gedacht. Die Frauen aus dem Westen wollen selbst entscheiden, organisieren, so sagen sie jedenfalls. Ich vermute, sie wollen auch nicht sehen, wie dieser Staat, der trotzdem da ist, sie einerseits ins Leere laufen läßt und andererseits kontrolliert: Kopf in den Sand, wenn ich behaupte, ich will keinen Staat, ist er nicht da.

Freiheit als Illusion.

Wenn man keinen Kindergartenplatz finde, rät eine kräftige Frau aus Süddeutschland, müsse man sich eben selbst kümmern. Sie habe damals, als es ihr so ging, einen Kindergarten initiiert. Daß es undemokratisch ist, ausschließlich Vorschläge zu machen, die nur verwirklichen kann, wer überdurchschnittlich viel Kraft und Zeit hat, will die Frau nicht wissen. Ein Modell für die Starken. Ich will eins für alle. Warum den Staat, der ja doch existiert, nicht in die Pflicht nehmen: Ich kann mir Staat immer noch als Dienstleistungseinrichtung vorstellen, für Aufgaben, die die einzelne nicht sinnvoll übernehmen kann. Das muß man aber einfordern.

Weil das mit den Kindergartenplätzen als Beispiel staatlicher Zuständigkeit offenbar nicht einleuchtend genug ist, führe ich, weil wir gerade in München sind, ein anderes an: In München habe die Strahlenbelastung nach dem Tschernobyl-Unfall etwa das Zehnfache der zulässigen Strahlung in Atomanlagen betragen (oberhalb dieses Grenzwerts müssen in Kernanlagen Strahlenschutzanzüge getragen werden). München hätte evakuiert werden müssen, und zwar bis Anfang des nächsten Jahres. Hätte der Staat hier nicht eine Aufgabe gehabt?

»O nein«, entgegnet meine Gesprächspartnerin, eine Ärztin, »wieso denn.« Ihre Tochter lebe in München und habe kleine Kinder, es seien sofort Selbsthilfegruppen gebildet worden, in denen man sich gegenseitig z.B. beim Beschaffen von Büchsennahrung unterstützt habe.

Ich bin ratlos. »Aber«, versuche ich es noch einmal anders, »bei den Skinheads, sollte da der Staat nicht gefordert sein?«

»Keinesfalls!« entgegnet die Frau. »Das müssen wir alles alleine tun.«

Ich frage, wie sie sich das vorstelle und was man da tun könne, mir fällt hier nur meine Hilflosigkeit ein.

»Nun, indem wir immer wieder sagen, daß wir das nicht wollen!«

Freiheit als Realitätsverlust. Als fortgeschrittene Anpassung, die ganze Bereiche der Wirklichkeit ausblenden muß, um vor sich selbst bestehen zu können.

Dabei, das weiß ich jetzt nach zwei Jahren BRD, läßt diese Gesellschaft immerhin so viel offen, daß man sich in dieses Blindekuhspiel nicht eingliedern muß: Ich kann der Meinung sein, daß ich hier etwas Winziges bin, das von Machtinteressen wie von Zufällen hin- und hergeschubst, gebraucht oder fallengelassen wird, und ich kann das sagen. Ich kann schreiben, daß hier alles auf den Abgrund zugeht aus kurzfristigem Kalkül von Macht und Gier. Eine Freiheit, die ich in der DDR nicht hatte, die ich mir nicht ausreden lassen werde, die viele meiner Gesprächspartnerinnen aus dem Westen längst nicht mehr für sich beanspruchen.

Wer so viel aufgegeben hat, muß sich an anderes halten. Zum Beispiel an *die Freiheit*. Was ist das aber nun.

Zu Zeiten der geschlossenen Grenze bewirkte *die Freiheit* wohl das Gefühl, glücklicher, freier, souveräner zu sein als die Bedauernswerten hinter der Mauer. Sie erschien als die Versicherung, besser zu leben als andere, als die Unterdrückten in diktatorischen Staaten, sie war der Ausweis, vom Dasein bevorzugt, begünstigt zu sein – ein gutes Gefühl, wer hätte es nicht gern. Ich glaube, *die Freiheit* brauchte, um das zu sein, was sie war, das benachteiligte Gegenüber, sie bezog einen Großteil ihrer Faszination aus der so nahen Diktatur Ostdeutschlands. (Vielleicht erklärt das wenigstens zum Teil, weshalb bei den Ostdeutschen die Imagination *der Freiheit* nicht verfängt: Sie schauen wie eh und je nicht nach Osten, zu jenen, denen es bedeutend schlechter geht, sondern sie blicken, wie die Westdeutschen auch, nach der anderen Hälfte Deutschlands, und die liegt für die Ostdeutschen im Westen, da, wo es sich besser lebt, wie man meint.)

Für den Glauben an *die Freiheit* ist es offenbar unerheblich, inwieweit die einzelne wirklich von ihr profitieren kann, es ist gleich, ob sie eher vogelfrei ist oder frei: Es scheint mehr eine ideelle Möglichkeit zu sein, die so begeistert. »Natürlich, die einzelne hat auch die Freiheit unterzugehen«, erklärt man mir das und meint es nicht ironisch.

Wer uns mit dem Empfinden *der Freiheit* gegenübertritt, ist stolz darauf, daß er sie besitzt: So wie wir alle oft genug auf Dinge stolz sind, an denen wir keinen ursprünglichen Anteil haben. Und es baut jene, die sich *der Freiheit* teilhaftig glauben, ja auch wirklich auf, so wie mancher Selbstbetrug auf gewisse Weise eben tatsächlich (auch) guttut.

Nichts ist verständlicher, als daß man es uns nicht verzeiht, wenn wir, aus dem Osten, aus der *Unfreiheit* kommend, an dem, was für viele zum Selbstverständnis gehört, herummäkeln. Ich halte mich hier aber an die alten Materialisten: Es sind nur Freihei*ten*, viele, verschiedene, die wir den entsprechenden Unfreiheiten vorziehen. *Die Freiheit* gibt es als Faktum nicht. Von den angekündigten Freiheiten ist nur diejenige eine, die ich auch haben kann.

Wir aus dem Osten Deutschlands haben einige schwerwiegende

Unfreiheiten hinter uns lassen können. Uns sind dabei aber auch wichtige Freiheiten verlorengegangen – das können die meisten Alt-BundesbürgerInnen nicht verstehen, sie können es sich nicht vorstellen. Aber sie fragen auch nicht danach – uns sollen die Freiheiten genügen, die wir jetzt haben. Vermutlich meint man, *die Freiheit* müßte so bedeutend für uns sein, daß wir über das bißchen, das uns abhanden kam, nicht sprechen müßten. Die neuen Einschränkungen kommen uns um so härter an, weil sie als Selbstverständlichkeiten herübergereicht werden: Die Alt-BundesbürgerInnen leben seit Jahr und Tag mit ihnen, sie können, sie wollen unsere Aufregung nicht verstehen.

Hier spätestens gehört die Geschichte von dem Frosch her. Wenn man einen Frosch, so sagt man, in heißes Wasser wirft, versucht er mit verzweifelter Anstrengung aus dem Topf zu kommen. Setzt man ihn jedoch in kaltes Wasser, das sehr langsam erhitzt wird, müht sich der Frosch kaum, der Gefahr zu entgehen – er läßt sich zu Tode kochen.

Die Ostdeutschen sind in der Situation des Frosches, der ins heiße Wasser geworfen wurde: Der Wechsel ist so kraß, daß die Lage unerträglich scheint.

Diese heftigen Reaktionen, mit denen man auf plötzliche Veränderungen antwortet, sind im großen und ganzen ja von Vorteil, sie dienen schlicht der Selbsterhaltung, selbst wenn sie hin und wieder übertreiben sollten. Ganz im Gegensatz dazu unser Verhalten, wenn sich Übel allmählich einschleichen. Dann reagieren wir gar nicht so entschieden – wenn die Verschlechterungen nur langsam genug kommen, nehmen wir letztlich jede Situation hin, sei sie noch so entwürdigend und unerträglich. Vielleicht ist es die Furcht vor verschleißenden Kämpfen, vielleicht ist es die Angst, den eigenen Erniedrigungen ins Auge sehen zu müssen – sicher ist es aber auch die Gewöhnung, die sich verändernde Wahrnehmung, die mit der Zeit die ordinärsten Zumutungen als tragbar erscheinen läßt: Schließlich leben wir damit, so schlimm kann es also nicht sein. Auf alle Fälle erschwert dieses Phänomen die Verständigung von Ost und West derzeit ganz enorm: Jede Seite hat die Probleme, mit denen sie bisher lebte, ja zum guten Teil akzeptiert, während die andere sie geradezu unannehmbar findet.

Als Beispiel dafür sei die ständige Verletzung des Postgeheimnisses durch die DDR-Behörden angeführt: Ich kann nicht sagen, daß ich die Überwachung meiner Korrespondenz besonders schlimm fand. Es gab im Gegensatz dazu Dinge, vor denen man Angst zu haben allen Grund hatte, die Kontrolle der Post war aber etwas, das keine direkte Gefährdung mit sich brachte. Ich habe damit ganz bewußt gelebt wie mit einem zwar unangenehmen, aber unabänderlichen und in dieser Hinsicht normalen Zustand. Dabei wußte ich, daß tatsächlich jeder Brief von mir in die damalige Bundesrepublik wie bei vielen anderen auch von den Angestellten des Sicherheitsdienstes gelesen wurde, Privatestes und Berufliches: Sobald es um eine Lesung, um eine Einladung in den Westen ging, verschwanden die Briefe sogar ganz einfach, ich weiß nicht, ob in einem Reißwolf oder in meiner Akte. Wer es wußte, wehrte sich auf einfache Weise gegen das Beschlagnahmen der Post – wenn es um einen Besuch ging, schickte man die Briefe per Einschreiben; so wurden sie immerhin befördert. Das größte Problem bestand für mich damals darin, daß ich diese absurde Situation unseren Freunden in der BRD wahrscheinlich nie recht deutlich machen konnte – vielleicht war das Ganze wirklich nicht nachvollziehbar für sie. So schickten sie aus was immer für Gründen einmal eine Karte mit der Bestätigung eines Besuchstermins dennoch uneingeschrieben. Wir warteten damals wochenlang auf eine Nachricht (schon die normale Laufzeit lag zwischen ein und zwei Wochen), wir saßen wie auf einer einsamen Insel, denn zu telefonieren war auch so gut wie unmöglich. Meine Reise mußte verschoben werden. Ich vermute heute noch, daß wir unsere Bekannten nicht glauben machen konnten, daß es die Staatssicherheit tatsächlich schaffte, alle für sie irgendwie interessante Post wirklich zu lesen.

Der Unglaube, die Vergeßlichkeit, die mangelnde Vorstellungskraft unserer Freunde, was auch immer, das hat mich zur Verzweiflung gebracht – die Umstände, die solche Verhaltensmaßregeln notwendig machten, waren tatsächlich weniger Grund zur Aufregung. Sie waren eher naturgegeben wie Bäume oder Felsen – die mußte man vor allem geschickt umgehen (und was dies Problem mit der Post betraf, ließ sich das tatsächlich auch praktisch bewerkstelligen und nicht nur durch Verdrängung).

Oder andersherum:

Als ich 1988 das erste Mal in der BRD war, kriegte ich irgendwann mit, daß alle drei Kindergärten der kleinen Stadt, in der ich war, ein evangelischer, ein katholischer und ein nicht-kirchlicher (welcher Luxus), über Mittag schlossen. Die Kinder gingen zum Mittagessen nach Hause und konnten am Nachmittag noch einmal für zwei oder drei Stunden in die Einrichtungen kommen. Ich war bestürzt: Es gebe also keinen Kindergarten in der Stadt, in dem die Kinder über Mittag bleiben könnten? Also könne keine Frau, die kleine Kinder hat, einer ganztägigen, d. h. qualifizierten Arbeit nachgehen?

Ich konnte meiner Freundin keine Äußerung noch so geringen Unmuts, geschweige denn Empörung entlocken. In der nächsten größeren Stadt freilich gebe es einen solchen Kindergarten, meinte sie gleichmütig. Die nächste Stadt war durch eine halbstündige Bahnfahrt zu erreichen.

Ich bin mir sicher, daß die große Mehrheit ostdeutscher Frauen das gleich mir als katastrophalen Mißstand angesehen hätte, wenn eine Frau nicht die Chance hat, ein, sagen wir, fünfjähriges Kind in einem Kindergarten unterzubringen, also außer Haus zu arbeiten, wenn sie das möchte. Genauso, nehme ich an, empfinden andersherum die meisten Westdeutschen das gewohnheitsmäßige Kontrollieren von Post als einen unerhörten Eingriff in die Privatsphäre der Menschen. Die Beispiele ließen sich vermehren. So hat oder hatte jede Seite im schwierigen Ost-West-Diskurs ihre unerträglichen Zustände, die aber nur der jeweils anderen Seite als so unsäglich erscheinen, wie sie denn auch wirklich waren oder sind: Die andere Hälfte, die davon betroffen war oder noch ist, hat eher eine wegwerfende Handbewegung dafür. Allenfalls kann sie sich herbeilassen zu erklären, daß es ja eigentlich wirklich schlimm sei – aber sehr überzeugend klingt das nicht.

Frühjahr bis Herbst 1992

Der Beitrag »Wo wir doch jetzt die Freiheit haben« ist der Anfang eines längeren Essays der Autorin mit dem Titel »Von Deutschland nach Deutschland gekommen«.

MARGRIT ZAUNER (WEST)

Verluste oder: Was habe ich von meiner neuen Stiefschwester?

Die Vorsilbe »Stief« symbolisiert in unserer Sprache etwas Unnatürliches, Unangenehmes. In welchem Märchen ist die Stiefmutter nicht böse, in welcher Stieffamilie – von den Soziologinnen neuerdings »Fortsetzungsfamilie« genannt – kommen die neuen Geschwister ohne Probleme miteinander aus? Ist die Rivalität unter Geschwistern nicht schon in »Erstfamilien« ein normaler Prozeß, so wie die Konflikte in Partnerschaften ein notwendiger und unverzichtbarer Bestandteil dieser Beziehungen untereinander sind?

Wieviel schwerer haben es dann Kinder, die aufgrund von Entscheidungen, die sie selber nicht getroffen haben, plötzlich zu einer Familie erklärt werden!

Stiefschwestern haben zwar einen Elternteil gemeinsam, werden aber ohne ihr aktives Wollen zu einer Familie zusammengeführt. Je nach den Bedingungen, unter denen die Familie gebildet wird, ist der Grad der Veränderung für die neuen Familienmitglieder unterschiedlich hoch. Die zusammengeführten Schwestern müssen ihre Rolle in der Familie neu bestimmen, bisher erarbeitete Positionen neu aushandeln und die Machtverhältnisse in der Familie neu definieren. So kann eine bisher verwöhnte Einzel-Prinzessin plötzlich zu einem unter mehreren Kindern werden und steht mit einemmal nicht mehr im Mittelpunkt. Da muß eine Tochter, die ihr Leben lang immer die Erstgeborene mit einigen Vorrechten war und bislang als Älteste ihre kleineren Geschwister anführte, sich unversehens mit einer noch größeren neuen Schwester um die Führungsrolle in der Gruppe streiten. Diese zwei Beispiele mögen die vielfältigen Probleme beim Zusammenwachsen dessen, was zusammengehören soll, symbolisieren.

Was hat dieses Modell mit den Beziehungen zwischen Frauen Ost und West nach der deutschen Vereinigung zu tun? Hier werden Frauen, die über 40 Jahre in einem jeweils anderen Beziehungssystem lebten und arbeiteten, lernten und liebten, plötzlich zu Schwestern gemacht. Wie im Film: Schwester Ost hofft auf ein besseres Leben im neuen Deutschland – frei, glücklich und reich. Nach einer unblutigen Revolution fallen die Mauern, die Geschwister liegen sich glücklich in den Armen – Schnitt und Ende. Im Film nach Hollywood-Machart wird hier zu Recht abgeblendet, denn das Folgende ist für die rosa-roten Zukunftsphantasien beider nicht förderlich.

Wer hatte früher eine Ost-Schwester? Ich bin nach dem Mauerbau geboren. Für mich war die DDR immer ein eigener Staat, den ich – mangels Verwandtschaft – vor allem zu touristischen Zwecken besuchte. Ein Land, in dem ich manches bewunderte, z.B. die Selbstverständlichkeit, mit der Frauen erwerbstätig waren, einiges nutzte, z.B. die guten und billigen Fachbücher zur sinnvollen Anlage des Mindestumtauschs und vieles ablehnte, z.B. die Heuchelei und den politischen Selbstbetrug. Mit den Frauen dort verband mich soviel wie mit Schweizerinnen oder Österreicherinnen – wir sprachen dieselbe Sprache, hatten viele Gemeinsamkeiten und konnten viel voneinander lernen –, aber unsere Verwandtschaft war auf den Grad der Cousinen beschränkt: Wen frau dort mag, sieht sie öfter; die anderen nur bei unumgänglichen großen Familienfesten.

Es gab natürlich auch die anderen Schwestern: Familienschicksale über die Mauer hinweg; schmerzliche Trennungen, enge verwandtschaftliche Beziehungen und eine große Verbundenheit, die über die Jahre der Entwicklung von zwei deutschen Staaten hinweg aufrechterhalten wurde. Aber auch diese verwandtschaftlichen Beziehungen waren nach dem Wochenendehen-Prinzip aufgebaut: Das tägliche Leben fand im eigenen Bereich statt und frau sah sich nur am Wochenende oder an Feiertagen. Das gemeinsame Leben fand – auf beiden Seiten – in Gedanken statt; ohne die täglichen Streitereien um die falsch ausgedrückte Zahnpastatube. Bei den kurzen und wenigen Zusammentreffen wurde das Gemeinsame betont; Differenzen wurden verdrängt, um die kurze Zeit der Gemeinsamkeit nicht zu stören, und waren angesichts der wenigen miteinander verbrachten Zeit auch erträglich. Die lange Trennung hat dieses Wunschbild von schwesterlicher Gemeinsamkeit immer mehr mit rosa Zuckerguß überschüttet: mit der Verklärung vermeintlicher Gemeinsamkeiten.

Angesichts dieser Erwartungen war der Realitätsschock nach dem Fall der Mauer um so größer: Da waren plötzlich Menschenmassen in sonst beschaulichen Seitenstraßen und Berliner Maueridyllen, da gab es im West-Kaufhaus nach dem Einfall der besuchergeldgefütterten Ost-Heuschrecken keine Schokolade mehr zu kaufen. Überraschend standen wildfremde Menschen vor der Tür und klagten familiäre Beziehungen ein. Am Anfang war dies noch als großes Abenteuer zu begreifen: frau war Bestandteil der großen geschichtlichen Entwicklung. Wir hatten Anteil an dem, was später in den Geschichtsbüchern als der Fall der Mauer und die Vereinigung Deutschlands beschrieben werden wird. Diese Gefühle wurden aber schnell schwächer, denn sie konnten die offensichtlichen Nachteile für beide Schwestern nicht mehr verdecken.

Warum soll ich meine Stiefschwester lieben, wenn ich durch sie nur Nachteile habe? Die deutschen Schwestern haben beide durch die Vereinigung viel verloren: vor allem berufliche Entwicklungsmöglichkeiten und frauenpolitisches Terrain. Der oft gebrauchte Begriff von den »Frauen als Verliererinnen der Einheit« wird meist nur auf die horrenden Arbeitslosenzahlen im Osten bezogen, trifft aber auf Frauen in ganz Deutschland zu. Beide haben verloren – im Westen und im Osten.

Im Osten haben die Frauen ihr Recht auf berufliche Entwicklung und staatliche Unterstützung bei der Vereinbarung von Beruf und Familie verloren, sind mit all den Problemen ihrer westdeutschen Schwestern konfrontiert. Im Westen haben die Frauen angesichts der Arbeitsmarktprobleme noch größere Schwierigkeiten bei der Realisierung ihrer beruflichen Ansprüche und müssen zahlreiche, in mühsamen Diskussionen mit den Männern errungene, kleine frauenpolitische Fortschritte verteidigen, anstatt sie weiter auszubauen.

Die eigene Erwerbstätigkeit war im Osten nie in Frage gestellt, die Frauen hatten eine eigene ökonomische Grundlage und waren vor diesem Hintergrund auch im familiären Bereich zu weniger Kompromissen bereit. Die Scheidung endete nicht wie so oft im Westen mit dem ökonomischen Abstieg bis hin zur Abhängigkeit von Sozialhilfe nach dem bundesdeutschen Auslaufmodell »Hausfrauenehe«. Frauen waren im Osten in der Lage, ihr Leben allein zu gestalten, und mußten nur in seltenen Fällen aus ökonomischen Gründen eine Beziehung eingehen oder aufrechterhalten.

Nach diesen Erfahrungen – trotz aller tagtäglichen Probleme – ist die Konfrontation mit dem (west)deutschen Modell der weiblichen Berufsteilzeit und Unsicherheit um so krasser. Die Frauen, die in der DDR umworbene Arbeitskräfte waren, wurden in den neuen Verhältnissen zur flexiblen Reservearmee. Arbeitskräfte waren von heute auf morgen nicht mehr gesucht, sondern überflüssig. Die Zahl der Arbeitsplätze war deutlich geringer als die Nachfrage bzw. die Zahl der vorhandenen qualifizierten Arbeitskräfte. Wie bei so vielem wurde auch hier ein im Westen bereits existierender Mechanismus wirksam: Statt einer aktiven Arbeitsmarktpolitik, die Arbeitsplätze schafft, wird versucht, die Zahl der Arbeitskräfte zu verringern und so einen (scheinbaren) Ausgleich von Angebot und Nachfrage zu erreichen.

Auch nach 40 Jahren proklamierter sozialistisch-staatlicher Gleichberechtigungspolitik sind im Krisenfall alte männliche Denkmuster vom (männlichen) Familienernährer und der (weiblichen) Zuverdienerin einfach und schnell zu aktivieren: Bei der Entscheidung, wer den Betrieb verlassen müsse, kam im Regelfall das Denkmuster »im Zweifel für den Mann und gegen die Frau« im Kopf der männlichen Verantwortlichen zum Tragen.

So haben die Ost-Schwestern durch die Vereinigung fast nur verloren: neben den Arbeitsplätzen auch gesellschaftliche Anerkennung und die Unterstützung der Gesellschaft, um Beruf und Familie miteinander vereinbaren zu können. In den 40 Jahren DDR wurde das Patriarchat nicht abgeschafft. In entscheidenden Positionen saßen Männer, die in Zeiten der Not schnell wieder zu ihren alten Verhaltensweisen zurückgekehrt sind. Diese Verhaltensweise mag moralisch zu verurteilen sein, ist jedoch aus Sicht der Männer sinnvoll und nützlich: Bei der Verteilung von knappen Gütern teilen Männer lieber nur untereinander, denn die Beteiligung von Frauen würde die ohnehin kleinen Tortenstücke nur noch kleiner machen.

Aber auch die West-Schwestern haben durch die Vereinigung nicht gewonnen, sondern im Regelfall verloren. Nicht nur, daß die Kosten der Vereinigung vor allem aus dem Westen bezahlt werden müssen. Nein, die Vereinigung erfolgte unter dem Aspekt der beruflichen Entwicklungsmöglichkeiten für Frauen in einem historisch denkbar ungünstigen Moment. Zu einem Zeitpunkt, als Personalrekrutierungsstrategien und innovative personalpolitische Konzepte

Frauen stärker berücksichtigten, um einem drohenden Mangel an qualifizierten Fach- und Führungskräften vorzubeugen, waren nun urplötzlich wieder genügend qualifizierte Männer verfügbar, die die Lücken schließen konnten, ohne daß sich die Unternehmen weiter Gedanken um eine gezielte Förderung der weiblichen Beschäftigten machen mußten. Die in den Unternehmen begonnenen Diskussionen um gezielte Frauenfördermaßnahmen sind weitgehend zum Erliegen gekommen und werden nur noch von einigen engagierten Frauen gegen harten Widerstand weitergeführt. Die Wiedereinstiegsmöglichkeiten für Frauen nach einer Familienphase haben sich im vereinigten Deutschland massiv verschlechtert, vor allem dort, wo – wie in Berlin – die Wiedereinsteigerinnen mit den Frauen aus dem Osten um die knappen Arbeitsplätze konkurrieren müssen. Die Frauen aus dem Osten haben hier aus Sicht der Arbeitgeber gleich zwei Vorteile: Sie sind gezwungen, für niedrige Löhne zu arbeiten, und können gleichzeitig auf eine ununterbrochene Berufsbiographie verweisen. Zugleich werden im Rahmen der vielfältigen Sparkonzepte zur Finanzierung der deutschen Einheit gerade jene Sozialleistungen gekürzt oder erst gar nicht eingeführt, die die Vereinbarkeit von Beruf und Familie für Frauen erst ermöglichen: Angefangen bei höheren Kindergartenbeiträgen und den Kürzungen bei Neugründungen von KiTas über die Aushöhlung des Rechtsanspruchs auf einen Kindergartenplatz bis hin zu den massiven Kürzungen im Rahmen der Novellen des Arbeitsförderungsgesetzes (AFG), die den beruflichen Wiedereinstieg und die Weiterbildung für Frauen drastisch einschränken, sind zahllose Verschlechterungen für Frauen festzustellen.

Der Abbau von Stellen im öffentlichen Dienst trifft Frauen, die dort überproportional beschäftigt sind, ebenso sehr wie die Kürzungen von öffentlichen Dienstleistungen; die Einsparungen bei Sozialleistungen von der Sozialhilfe bis hin zum Arbeitslosengeld treffen die Frauen nochmals, weil sie stärker als Männer darauf angewiesen sind und aufgrund ihrer familienbedingt unterbrochenen Berufsbiographien meist geringere Ansprüche aus Versicherungsleistungen – wie Arbeitslosengeld oder Rente – haben. Gleichzeitig ist der Anteil der Frauen an denjenigen Gruppen der Gesellschaft, die von der Einheit deutlich profitiert haben, verschwindend gering – so tragen die

Frauen im Westen zur Finanzierung der Einheit relativ mehr bei als die Männer.

Die Frauen im Westen zahlen also den Großteil der Spesen für die Vereinigung – sollen sie unter diesen Umständen ihre Schwestern aus dem Osten mit weitgeöffneten Armen freudig begrüßen?

Zudem leiden die Frauen im Westen neben der ökonomischen Last auch unter dem politischen Rollback, das seit der deutschen Vereinigung in nahezu allen Organisationen festzustellen ist: Frauenpolitik ist angesichts der immensen Probleme der deutsch-deutschen Vereinigung kaum mehr als ein Randthema.

Dazu tragen aus Sicht der West-Frauen die Ost-Schwestern kräftig bei: Beklagen sie sich doch in den mühsam vereinigten Organisationen über die Strategien der West-Frauen und lehnen – von den West-Frauen gerade erst mühsam erkämpfte – Quoten und ähnliche Hilfsmittel ab. Die Vorbehalte der Ost-Schwestern werden von den Männern gerne aufgenommen – erspart es den männlichen Spitzen doch, auch Frauen an den obersten Leitungsgremien zu beteiligen. Selbst die im Westen angewandte Strategie der »Balkonlösung« – wenn denn schon unbedingt eine Frau an der Verantwortung beteiligt werden muß, dann nicht dadurch, daß Männer auf Positionen verzichten, sondern indem eine zusätzliche Position für eine Frau geschaffen wird – wird überflüssig.

So gesehen, haben weder Ost- noch West-Schwestern Anlaß, die anderen jeweils freudig in die Arme zu schließen – im Gegenteil. Beide können mit der neuen deutschen Großfamiliengründung eigentlich nur Nachteile beklagen. Deshalb ist eine schwesterliche Liebe per Verordnung nicht zu erreichen, sondern es müssen erst die jeweiligen Verluste respektiert und die Gelegenheit zu ihrer Verarbeitung gegeben werden – damit die Schwestern dann gemeinsam gegen die angehen können, die die Verluste verursacht haben: die Väter und Brüder.

HELLA KAISER (WEST)
*Kinder waren uns so fremd wie Wesen
vom anderen Stern*

Im Flugzeug von New York nach Berlin verstohlene Blicke. Wieder dieses Spiel der Nachwendezeit: Ostler oder Westler? Da kann man schon mal danebenhauen, jetzt, vier Jahre nach dem Mauerfall. Doch bei der Frau in der Mittelreihe tippe ich mit »Ost« goldrichtig, noch bevor sie mit sächsischem Akzent einen Weißwein bestellt. »Woher wußtest du das?« fragt mein Freund verblüfft. »War doch klar. So jung und trotzdem zwei Kinder, schon halb erwachsen.«

Kinder als Indiz für das andere Deutschland. Nirgends zeigen sich die deutsch-deutschen Frauenunterschiede so deutlich wie an diesem Phänomen: Die Frauen im Westen sind kinderlos, die im Osten sind Mütter. Die Pauschalisierung scheint zumindest dann zu stimmen, wenn wir Großstädte betrachten und die Frauengeneration zwischen 20 und 40 in den Blick nehmen. Während junge Frauen in Frankfurt an der Oder vor dem denkwürdigen Tag im November 1989 daran gewöhnt waren, Kinderwagen zu schieben, taten jene in Frankfurt am Main dies selten. Ausnahmeerscheinungen in der glitzernden westlichen Welt.

Nirgends prallten die unterschiedlichen weiblichen Lebensmuster so kraß aufeinander wie in Berlin. Als wir bei einem Journalistinnen-Stammtisch 1990 zum ersten Mal zaghaft das Ost-West-Kennenlernspiel probten, wurde das überdeutlich. Da saßen Kolleginnen aus dem Osten einträchtig neben denen aus dem Westen und diskutierten die neue Zeit. Doch als die West-Frauen das dritte Glas Wein bestellten, hatten sich die Ost-Frauen längst verabschiedet. Mit Gründen, die so oder ähnlich lauteten: »Ich muß meinen Sohn noch ins Bett bringen.« Oder: »Ich muß noch mal ins Schulheft meiner Tochter gucken, die schreibt morgen eine Klassenarbeit.« Eine einzige blieb und betonte, daß »Jan heute bei den Kindern« sei. Wir hörten höflich hin und lächelten – ein bißchen verständnislos. Kinder, die waren uns so fremd wie Wesen vom anderen Stern. Viele Ost-

Kolleginnen, nicht auszudenken, hatten bereits welche, die erwachsen waren.

Klar, bei den Klassentreffen in der Provinz sah ich Schulkameradinnen wieder, die auch »Familie« hatten. Welch vertrackte Idylle. Ein Leben zwischen Kochtöpfen, Bauklötzen und Lehrersprechstunde. Die Abiturientinnen von einst hatten – mit Glück – Halbtagsstellen ergattert oder waren, bestenfalls, mit reduzierter Stundenzahl an einer Hauptschule untergekommen.

Mit Kind und Kegel in der Sackgasse, beruflicher Aufstieg ausgeschlossen. Brrr! Jedesmal fuhr ich gut gelaunt wieder zurück – in die Moderne. In die große Stadt, in der meine Freundinnen und Kolleginnen sämtlich lebten wie ich: solo oder mit lockerer Beziehung, aber auf jeden Fall kinderlos.

Kinder oder Karriere, so hieß das ungeschriebene Gesetz, dem wir uns gebeugt hatten. Beides war nicht drin. Und plötzlich trafen wir Deutsche, die das ganz anders sahen. Ingenieurinnen, Professorinnen, Wissenschaftlerinnen, Dolmetscherinnen aus der Ex-DDR, und alle, wirklich alle, so schien es, hatten Kinder.

Wir fragten uns immer irritierter: Wie haben die das bloß auf die Reihe gebracht? Bei uns scheitern schon Beziehungen, wenn wir – wenigstens ein bißchen – an unserer Karriere basteln wollen. Kinder, Gott bewahre, wo hätten wir sie denn lassen sollen? Ein Fünkchen Neid glomm auf und entzündete beinahe bissige Gedanken: Die da drüben, die konnten sich Kinder und Beruf eben leisten. Vom Staat gewünscht, gefördert und fein eingerichtet. Da mußte keine Ausbildung abgebrochen werden, da gab es kein Bangen um einen Job.

Klar, auch im Westen haben einige versucht, sich mit Kind durchs Leben zu wursteln. Jene, die tapfer und trotzig zugleich waren und – wie sich im nachhinein herausstellte – auch ein bißchen blauäugig. Eine Zeitlang – in den achtzigern – war es richtig »in«, ein Kind zu haben. Plötzlich gab es reihenweise alleinerziehende Mütter. In der Werbung für Umstandsmode dominierte nicht mehr die biedere Familie, sondern die elegante Yuppiefrau. Papi kam nicht aufs Bild, er hatte sich schließlich auch in Wirklichkeit oft schon vor der Geburt abgemeldet. Die Abtreibungskampagne aus den Siebzigern »Mein Bauch gehört mir« erfuhr eine Umkehrung. »Ich schaff's allein«, hieß die neue Frauendevise. Aber die meisten von denen, die sich

Hals über Kopf zwischen Wickelkommode und Strampelanzüge katapultiert hatten, blieben hernach mit ihrem Anhang gleichsam im Regen stehen. Plötzlich hatte die Freundin, die zuvor immer Babysitterdienste angeboten hatte, doch nie Zeit. Und die Wohngemeinschaft war genervt von dem brüllenden Etwas, das noch vor der Geburt als exotischer Zuwachs mit Champagner begossen worden war.

Kinder zu haben war damals nicht mehr als eine Modeerscheinung. Sie verschwand so rasch, wie sie gekommen war. Singlefrauen konnten irgendwann sogar wieder nach Gomera fahren. Eine Zeitlang hatten sie die Insel gemieden, weil sie den Anblick alleinstehender, mit ihren Kindern im Sand buddelnder Mütter nicht mehr ertrugen. Das exaltierte Heidideldei-Gebrabbel verdarb schließlich den schönsten Sonnenuntergang.

In den feministischen Gesprächsrunden der achtziger Jahre lächelte bald keine mehr, wenn irgendeine Luise oder ein Marc ständig in die tiefschürfenden Ausführungen der Referentin reinquäkte. Kinderbetreuung? Nun, ja. Aber ehrlich gesagt, zum richtigen Thema wurde es nicht. War eine Betreuerin nicht wirklich zu aufwendig für ein oder zwei Kinder? Eine Gruppe kam, mangels Masse, ohnehin nie zustande. Die meisten von uns waren eben kinderlos. »Eine Frage der Organisation«, dachte ich wie viele andere ein wenig arrogant und bedauerte keine so recht.

Hätten sie doch wissen müssen, daß ein Leben mit Kindern kein Zuckerschlecken ist. Uns war es schließlich auch klar. Und, ganz funktionierende Rädchen im Gesellschaftsgetriebe, hatten wir verzichtet. Die Solidarität mit den Müttern, in dicken Büchern viel beschworen, wurde kaum praktiziert.

Die westliche deutsche Gesellschaft war kinderfeindlich. Und wir waren in ihr groß geworden. Wir hatten gelernt, erfahren und verinnerlicht: Wer als Frau beruflich weiterkommen will, muß auf Kinder verzichten. Neue Väter, die hätten helfen können, waren noch nicht da. Wie so viele Frauen in Berlin, Hamburg oder München gewöhnte ich mich an den Zustand.

Nur vor ein paar Jahren, in Südamerika, dachte ich noch mal darüber nach. Weil die Frauen dort immer so mitleidig nachfragten: »No tiene niños?« (Haben Sie keine Kinder?) und regelmäßig, wie beruhigend, hinterherschoben: »Sie sind ja noch jung.« Eine legte mir zum vermeintlichen Trost ihr süßes braunes Baby in den Arm. Welch ein Moment. Ich bewältigte den Anflug von Sehnsucht, so wie ich es gewöhnt war: auf rationale Art. Das hier ist die Dritte Welt, sagte ich mir. Was ahnen diese Frauen schon von dem weiblichen Leben in Deutschland? Was wissen sie vom Berufsleben, vom Ellbogeneinsatz, von Konferenzen, in denen man sich gegen Männer behaupten muß – täglich neu. Punktspiele, in denen Frauen mit Kindern von vornherein die Verliererinnen sind.

Davon wußte wohl auch die afrikanische Ministerin nichts, die mir nach dem Interview lachend Bilder von ihren Kindern zeigte. Wieder lieferte ich Erklärungen, die mir mein Kopf, nicht mein Gefühl diktierten. Afrika, das bedeutet eine intakte Familienwelt, da wächst so ein Wurm wie von selbst heran, behütet von Großmüttern, Tanten und Schwestern. Von den Dienstboten ganz zu schweigen. »In unseren Breiten funktioniert das nicht«, sagte ich. Doch auf ihre einfache Frage »Warum nicht?« blieb ich die Antwort schuldig. Bloß nicht weiter darüber nachdenken.

Das hatte ich oft genug getan. Heimliche Gedankenspielereien, die immer in dem zermürbenden Entweder-Oder geendet hatten. Der schwache Trost: Irgendwann würde sich diese Frage von selbst erledigen. Manche von uns wagen es noch kurz vor Ultimo. In einem Alter, da die Fältchen um die Augen nicht mehr zu übersehen sind. Die sogenannten Spätgebärenden, die ein Kind erst nach dem 35. Lebensjahr in die Welt setzen, wurden zur westdeutschen Normalität.

Kein Wunder, denn vor dem Nachwuchs und auch *für* ihn muß ein sicherer Platz in der Berufswelt schon besiegelt sein. Wer schafft das schon vor dem 30. Lebensjahr? Wer gar Karrieregedanken hegt, schiebt den Kinderwunsch geduldig vor sich her. Ein ums andere Jahr, dem medizinischen Fortschritt sei Dank.

Auch Elisa, eine attraktive Hamburgerin, hat das praktiziert. In ihrer knappen schwarzen Lederjacke und den knallroten Jeans wirkt die gut dotierte Filmeinkäuferin unverschämt jung. Nicht zu glauben, daß sie 42 ist. »Mein Job ist super, jetzt will ich ein Kind«, sagt sie. Nur der potentielle Vater fehlt noch. Ein Partner für Frau *und* Kind. Wir schauen uns lachend um in der großen Partyrunde und denken vermutlich dasselbe: Ob das noch was wird? Elisas Geschichte gibt es wohl tausendfach. Ihre Probleme sind exakt die einer ganzen Frauengeneration. Ein typisch westeuropäisches Phänomen, ein deutsches vor allem.

So zumindest dachte ich vor der Wende. Und nun kommen unsere »Schwestern« daher, und nichts scheint mehr zu stimmen. Kinder, wohin man blickt. Die Freude darüber, daß Kinder und Karrieren eben doch vereinbar sind, ist ausgeblieben. Auch der gemeinsame Kampf um Krippen und Kinderbetreuungsmöglichkeiten. Wir haben es hingenommen, daß eine Einrichtung nach der anderen schloß. Wir haben die Gelegenheit, vereint und gestärkt die positiven Hinterlassenschaften der DDR für ganz Deutschlalnd einzufordern, schlicht verträumt. Warum bloß?

Dafür kann man sich viele kluge Argumente einfallen lassen. Ein böser Gedanke bleibt: Schweigen wir womöglich aus Genugtuung, um unser bisheriges Leben nicht hinterfragen zu müssen? Als eine trockene, kleine Zeitungsmeldung von drastisch gesunkenen Geburtenraten in der Ex-DDR kündete, las ich sie erleichtert, fast erlöst. Irgendwie war meine Welt wieder in Ordnung.

Die über uns so unvermittelt hereinbrechende Kinderschwemme würde versiegen. Und war es nicht recht so?

Genugtuung stellte sich ein. Denn, hatten uns die Ost-Frauen nicht oft ein wenig verständnislos angeschaut? Hatten sie uns insgeheim gar einen Mangel vorgeworfen, uns als rücksichtslose, gefühlsarme Monster eingestuft? Hatten sie nicht unseren Feminismus belächelt und uns der Männerfeindlichkeit geziehen? Nun werden sie endlich verstehen, warum wir unser Leben so und nicht anders eingerichtet haben.

Dennoch hat das feministische Gedankengebäude Risse bekommen. Viele von uns sind ins Grübeln gekommen. Haben wir uns nicht allzu einseitig an männlichen Mustern orientiert? Haben wir nicht einen zu hohen Preis bezahlt? Alle möglichen Gründe hatten wir einst zur Rechtfertigung bemüht. Ich konnte das sogar beruflich tun.

Recherchen über die Debatten um den historischen Geburtsstreik, anno 1913. Über 70 Jahre später war das wieder aktuell. Tschernobyl war wie neues Wasser auf alte Mühlen.

»Im Atomzeitalter setzt man keine Kinder in die Welt«, lautete eine Botschaft. Der politisch-ökologische Strohhalm half besonders gut, wenn die Emotionen überhandnehmen wollten. Künstlerinnen im Verdrängen waren viele. Wir nahmen hin, was nicht zu ändern war.

Daß es in Deutschland auch anders ging, beobachteten wir hauptsächlich auf der Transitstrecke. Da überholten wir die Trabis und schauten erstaunt hin. Denn fast immer guckten ein, meistens zwei Kinder hinten raus. Das Verblüffendste aber waren die Eltern. So jung. »Typisch DDR-Familie«, flachsten wir. Eine fremde Welt.

Nun ist sie zumindest geographisch auch unsere Welt geworden. Argwöhnisch beäugen wir uns und finden, von Frau zu Frau, keine Worte. Über Gefühle hat man noch nie gern geredet in Deutschland. Wir sollten es endlich versuchen, es ist hohe Zeit. Der Feminismus hilft uns nicht weiter. Allzuweit sind wir ohnehin nicht mit ihm gekommen. »Die Männer schlagen zurück«, heißt die neue Bestandsaufnahme der amerikanischen Frauenrechtlerin Susan Faludi. Und die Quintessenz des dicken Wälzers: Wir gehen in eine neue Runde, um uns in den oberen Etagen zu behaupten oder überhaupt erst reinzukommen. Karrieren mit Kindern sind weiterhin nicht vorgesehen.

Im Westen nichts Neues. Und der Osten bleibt, eingewickelt und einverleibt, sprachlos. Resignation ist bei vielen Frauen aus der Ex-DDR spürbar.

Dabei hätten wir ihre Lebenserfahrungen, selbstbewußt mit in die neue Zeit gebracht, dringend gebraucht. Sie hätten uns helfen können, andere Wege zu beschreiten. Breitere Wege als jene, die uns gesellschaftlich gestattet waren.

Einst war ich »out«, dann war ich kurze Zeit »in«, und nun bin ich wieder »out«.

Diesmal habe ich mich jedoch selbst ins Abseits befördert.

Wie? Ganz einfach: Ich habe ein Kind bekommen. 38 Jahre lebte ich kinderlos und freudvoll, obwohl die DDR meine Heimat war.

Ich hielt mein Land sogar für liebenswert mit all seinen Macken, nicht viel besser und nicht viel schlechter als andere Länder auch.

Mit Freude war ich Pionier. Und als Honecker kam und Miniröcke geduldet wurden und man 1973 Jugendliche aus aller Welt nach Berlin holte, trat ich in die SED ein: mit 18 Jahren.

Als dann die ersten Zweifel kamen und es holprig wurde, habe ich mich erst recht überall engagiert.

Ich hatte viele Lieben, reiste viel, lebte wild, aber nicht gefährlich. Daß ich kein Kind und keinen treusorgenden Ehemann hatte, empfand ich nie als Mangel, sondern als meine Art von Leben.

Verhütet hatte ich nie ernsthaft, vielmehr meinem Körper vertraut, daß er zur richtigen Zeit richtig reagieren würde.

Aber trotz SED und aller Überzeugung ließ man mich irgendwann spüren, daß ich nicht wirklich »dazugehöre«.

Mein angesäuselter Parteisekretär fragte mich auf einer unerträglichen Frauentagsfeier, ob ich denn eigentlich eine richtige Frau sei. Gerade ihm wollte ich das nicht beweisen. Doppelt belastete junge Muttis und Ehefrauen wollten mir ständig weismachen, daß mein Leben keinen richtigen Sinn hätte. Mein mitleidiges Grinsen überzeugte sie nicht von meiner Lebensfreude. Ein sozialistischer Leiter verstieg sich sogar zu der phänomenalen Behauptung, daß wie auch immer begründete Kinderlosigkeit ein sicheres Zeichen für den mangelnden Glauben an die Sieghaftigkeit des Sozialismus im Weltmaßstab sei! Heute ist er Managementberater.

Zu diesem fröhlichen Single-Leben kam dann auch noch mein wachsendes Interesse am Feminismus. In Freundinnenkreisen kursierten die Bücher von Simone de Beauvoir, Anja Meulenbelt etc., sie wurden gierig verschlungen und nächtelang bei »Cabernet« (bulgarische, in der DDR beliebte Weinsorte) und »Cabinet« (DDR-Zigarette mit bulgarischem Tabak) diskutiert.

Kurz vor dem Ende der DDR kam die Frauenfrage auch offiziell in Mode. Die Realität zeigte, daß gleicher Lohn für gleiche Arbeit, Kindertagesstätten und Frauenkommissionen noch immer keine Gleichheit der Lebensverhältnisse von Mann und Frau brachten.

Plötzlich wurde ich mit Frauendelegationen nicht nur ins »befreundete« Ausland geschickt. Vorher jedoch belehrte mich ein vorgesetzter Mann darüber, wie die Lebensverhältnisse von Frauen im real existierenden Sozialismus darzustellen seien. Er setzte selbstverständlich voraus, daß ich als ehe- und kinderloses weibliches Geschöpf keine Ahnung hätte.

Spät entdeckte ich meine Funktion als eine Art »Schaufensterpuppe«. Es war international auf jeden Fall attraktiv, einen derart bunten Vogel zu präsentieren.

Meine Verweigerung dagegen kam spät.

In diese Zeit fielen die ersten Begegnungen mit Frauen aus dem Westen.

Fast waren es Begegnungen der »außerirdischen Art«, auch wenn es viele ähnliche Lebensgefühle gab. Ihre mir oft fremde Verbissenheit lastete ich den frauenfeindlichen Lebensumständen im »stinkenden, faulenden Kapitalismus« an.

Dann kam die »Wende«, oder was immer es gewesen sein mag.

Klar ist nur, daß auch ich sie als persönliche Befreiung empfand.

Überall im todkranken Land tauchten plötzlich tolle Powerfrauen auf, überall von Suhl bis Cap Arkona entstanden Frauengruppen und Fraueninitiativen. Es wurde der Unabhängige Frauenverband (UFV) gegründet.

Eine atemlose, berauschende Zeit. Alles mußte schnell gehen – als wäre uns klar gewesen, wie wenig Zeit uns blieb.

Endlich konnte ich mit meiner besten Freundin und Kollegin (was damals noch zusammenging) verwirklichen, wovon wir beide lange geträumt hatten: eine eigene Frauensendung bei Jugendradio DT64.

Die Männer zogen sich zurück, redeten nicht rein und witzelten im Verborgenen. In Eile arbeiteten wir auf, was uns wichtig erschien: wer wir sind, woher wir kommen, und was wir wollen.

Es gab Hörerinnen- und Hörer(!)-Post haufenweise.

Unsere West-Schwestern kamen nun zahlreich und oft – ohne Paß- und Taschenkontrolle – durch die Mauerlöcher zu uns. Es gab gemeinsame Kongresse mit vielen Mißverständnissen, aber auch vielen Hoffnungen. Es gab wenig Zeit, über das Woher der Unterschiede zu reden, und manchmal auch wenig Geduld, sich gegenseitig genau wahrzunehmen.

Ich konnte mich kaum retten vor Einladungen zu Seminaren, Talkrunden, Frauenmedienkongressen.

Fast gab es eine Sucht der West-Schwestern nach uns, den exotischen Weibern aus dem nahen fernen Osten.

Frau setzte viel Hoffnung in uns. Nicht selten schien es mir, als sollten wir jetzt etwas leisten, was sie selbst nicht geschafft hatten.

Ja, es gab auch Besserwisserwessi-Frauen mit mütterlichen Ratschlägen. Wir sollten doch bitte schön ihre Fehler nicht wiederholen – und das Recht auf eigene schienen wir auch nicht zu haben.

Ich fand nicht schlimm, daß bei der ganzen Verschwesterung immer etwas Fremdheit blieb. Es war gerade deswegen oft spannend.

Jedenfalls war ich »in« mit dem, was ich lebte und dachte. Eine unabhängige lebensfrohe Ost-Frau ohne Kind und Kegel.

Sogar zum Weiberurlaub in das mir unbekannte Italien wurde ich eingeladen, und der Schwesternliebe schien kein Ende.

Das sich gesamtdeutsch zusammenraufende Patriarchiat hätte zittern müssen!

Eine schöne Zeit voller lila Träume.

Dann wurde ein flotter West-Mann, der aus dem Osten stammte, Chef meines Senders. Der von der Belegschaft gewählte, eigene verschwand. Der Neue fand mich ungeheuer »super«. Solche Journalistenfrauen wie mich bräuchte die neue Zeit: frei und ungebunden, keine »DDR-Tussy« mit rotznäsigen Bälgern am Hals. O Göttin, welche neue Zeit bitte? Und warum ich, die ich doch schon einmal eine »neue Zeit« gestalten sollte?

Außer für mich wollte ich für niemanden mehr eine Hoffnung sein, und vor Karriere gruselte mir.

Warum hilft mir nicht meine SED-Vergangenheit, dachte ich, mich für diese »neue Zeit« zu outen?

Geoutet wurde prompt die Frauensendung. Um mich für ihren Erhalt bei unserem in Endzeit schwebenden Sender einzusetzen, fehlte mir allein die Kraft, und die Männer waren wieder in der bestimmenden Mehrheit.

Die West-Schwestern waren entsetzt und sicherten mir ihren Beistand zu. Manche hofften auch, daß ich mich aus Protest im lila Gewand ans Funkhaus ketten würde, aber das schwankte eh.

Uns Radiomacherinnen war außerdem schnell klar, wohin die Frequenzen trieben. Noch vor dem »offiziellen« Ende des Funkhauses wurde entlassen. Vor allem Frauen.

Ausgerechnet in einer Live-Talksendung über den drohenden Paragraphen 218 nutzte ich die gedankliche Pause – während des öden Geschwätzes eines »Lebens-Hüters« – und befragte mich still, warum eigentlich meine Monatsblutung ausgeblieben war.

Sollte es möglich sein – ich und schwanger?! Sicher nur ein Scherz der Natur.

Nein, der müde Betriebsarzt gratulierte mir eine Woche nach der Sendung zur 18. Schwangerschaftswoche. Den Ansatz seiner sorgenvollen Frage durchbrach ich mit: »Ja, ich will das Kind!«

Die knappe Hälfte meiner FreundInnen wurde ohnmächtig, manche schrien auf. Die KollegInnen waren gespalten: »Ausgerechnet jetzt, wo wir bald alle gefeuert werden, und dann in deinem Alter.«

Die West-Schwestern schwiegen betroffen. Blicke sagten, daß ich mich nun wohl ins »Private« flüchten möchte. Als ob Frau mit Kind irgendwohin fliehen könnte!

Es war wie eine Stunde der Wahrheit für viele Beziehungen. Mit Erschrecken sah ich, wie reduziert ich als »Emanze« wahrgenommen worden war.

Aber da waren die alten Freundinnen aus dem Osten, die mir nun Bücher über Gebären im Stehen, im Hocken und unter Wasser zusteckten.

Einladungen zu Kongressen und Frauenseminaren im Westen gab es »in Rücksicht auf meinen Zustand« nicht mehr.

Aber es gab viel Spaß; auch als meine Radioansagen immer kurzatmiger wurden und ich stehend moderieren mußte, weil der Bauch an keinen Studiotisch mehr paßte.

Am 17. November 1991 kam Max mühelos und fast lustvoll zur

Welt. Es war eine wunderschöne Geburt, was vor allem die Ärzte verblüffte. Immerhin eine so alte Erstgebärende...

Nun war ich also Mutter, obwohl ich es manchmal bis heute nicht recht fassen kann. Jetzt zum Beispiel, da ich wie früher an meiner »Klappermaschine« sitze und der krummbeinige Bengel seit Stunden tief schläft, ist es ein bißchen wie früher – ohne ihn –, und das war ja auch nicht schlecht.

Seit einem Jahr also habe ich ein Kind. Obwohl ich eine Tochter ursprünglich für »standesgemäßer« hielt und fest damit rechnete, mußte es natürlich ein Sohn werden. Vielleicht auch deshalb erhielt ich nur von zwei Frauen aus dem Westen nach der Entbindung Besuch.

Die eine war von Max ganz begeistert. Die andere hatte schon mehrfach die Beobachtung gemacht, stillende Frauen besäßen den Gesichtsausdruck einer Kuh.

Na wenn schon, ich war froh, daß die Milch floß und es Max schmeckte.

Egal, wo ich mich mit ihm rumtrieb, die Nahrungsbeschaffung war kein Problem. Aber in verräucherte Kneipen und auf langweilige Kongresse zog es mich nicht mehr.

Als aufgewecktes, aber des Nächtens ruhendes Baby gab mir Max Gelegenheit, endlich in Ruhe etwas zu Ende zu lesen, zu schreiben, in Tagebüchern aus verflossenen DDR-Zeiten zu stöbern und den Frühling in Berlin als kaum noch vermutetes Wunder der Natur zu genießen.

Das alles half mir wenig im Umgang mit den Schwestern von einst, schon gar nicht das stille Genießen.

Fest stand und steht: Ich habe die Frauenbewegung verlassen, im Stich gelassen. Ade, die wilde Ost-Schwester spielt nicht mehr mit.

Anrufe kamen nur noch aus Pankow und Sachsen, von dort, wo auch die Freude über das Baby geteilt wurde.

Aber nicht genug damit. Nun habe ich den Vater meines Kindes auch noch geehelicht. Aus. Vorbei. Es war einmal. Mit so einer nicht!

Erst fahren sie ihre wunderschöne friedliche Herbstrevolution an den Baum, und dann kriegen sie auch noch mit Genuß Kinder.

Ich verstehe die Angst einstiger Gefährtinnen aus dem Westen.

Angst, daß ich nur noch »HIPP« sagen könnte und mein Mutterblick 24 Stunden täglich auf das Kind gerichtet sei. Angst vielleicht auch, eigenen Sehnsüchten zu begegnen, nicht nach einem Kind, aber nach ein bißchen mehr Lust und Zeit für sich selbst.

Ja, da ist eine alte neue Distanz nicht nur zwischen mir und den Schwestern im Westen.

Vielleicht sind wir 1989 ein bißchen zu schnell aufeinander zugerannt und haben uns dabei in der Umarmung erstickt.

Aber: Es war kaum Zeit.

Ich habe jetzt Zeit, als arbeitslose, schwer vermittelbare Mutter.

Ich werde nicht mehr warten auf Besuche und Anrufe aus Köln oder Charlottenburg.

Ich werde mich jetzt selbst auf den Weg zu den »Stiefschwestern« machen, mit Max!

Wenn wir streiten, streiten wir anders

Liebe Katrin,

erinnerst Du Dich? Die sorgfältig gelockte Frau mit den (zwei) blonden Kindern und dem unglaublich blöden Mann beugt sich glücklich über den Kaffee. Oder das Waschmittel. Oder die Möbelpolitur. Sie ist tüchtig, sauber, erfolgreich – wenn's sein muß, auch sexy.

Der weibliche Teil meiner West-Verwandtschaft schien auch diesem Fernsehbild entsprungen – allerdings in zweiter Wahl. Gelockt waren die Tanten auch, aber fetter. Sie rochen gut, und ihnen wurde geschmeichelt, denn nur über ihr Wohlwollen führte der Weg zu den Jeans, den Büchern, den Schallplatten. Wie peinlich. Aber sprich einem Teenager von Stolz, der mit aller Verzweiflung fest an die magische Kraft einer Levis glaubt. Ich habe sie gehaßt, diese Matrone, die Marlene Dietrich am Mittagstisch unwidersprochen eine Verräterin und Nina Hagen eine undeutsche Nutte nennen durfte. Mit Verwandtschaft wurde nicht gestritten, denn das nächste Weihnachten kam bestimmt.

Ich trage diese selbstgemachten Erniedrigungen mit mir herum. Ich bin empfindlich und ungerecht, das kleine Mädchen hockt und bockt in mir. Ich will es loswerden und kann nicht. Ich will überhaupt dieses Thema abschütteln und weiß genau, daß es nicht damit getan ist, heute den Tanten aus dem Weg zu gehen.

Als Du zum ersten Mal das Thema Deines Buches erwähntest, dachte ich nur: »Nicht schon wieder.« Zu diesem Zeitpunkt hatte ich bereits zwei Angebote »westlicher« Kunstzeitschriften ausgeschlagen, über mein Selbstverständnis und die Zeit als Wissenschaftlerin in der DDR zu schreiben. Höflich und kühl – vor allem müde. Müde der Rechtfertigungen und Oberflächlichkeiten, mit denen wir uns anzunähern versuchen, wohl wissend, daß es so nicht funktionieren kann. Die Zeitungen sind voll davon. Was das gesellschaftliche Umfeld betrifft, fühle ich mich, als wäre ich aus einer Zwangsehe in eine Versorgungsbeziehung gewechselt. Wenn ich auch froh bin, das eine los zu sein, so kann ich doch das andere nicht lieben, und ich denke, daß hassen schon immer leichter war als lieben. Die neuen Stiefschwestern erwarten von mir, daß ich dankbar bin. Auch die, die sich selbst nicht wohl fühlen.

Wir sitzen jetzt um einen Topf. Ich verstehe das. Ich bin dann ganz Kopf. Ich gebe mir Mühe. Auch dieser Brief macht mir Mühe. Aber wir kennen uns lange und haben eine ähnliche Geschichte. Wenn wir uns streiten, streiten wir anders.

Gibt es z.B. Meinungsverschiedenheiten bei unseren Sichten auf Männer, können wir dies nicht darauf schieben, daß eine von uns aus dem Westen ist. Damit ist ein Ausweichmanöver ausgefallen und wir kommen schneller ans »Eingemachte«. Natürlich sind sich die Themen ähnlich, die ich mit meiner Freundin aus dem Westteil der Stadt bespreche. Aber es ist so, daß viel mehr Nachfragen nötig ist, es begegnen sich in diesen Gesprächen zwei Frauen aus verschiedenen Kulturen. Damit rechne ich, darauf muß ich mich einstellen, auch auf ihre ebenso vorhandenen Empfindlichkeiten. Das tue ich gern, weil es mir wichtig ist. Aber so ganz allgemein zu behaupten, ein (solidarisches) Gefühl für die West-Frauen oder die Ost-Frauen zu hegen, erweckt in mir heftige Skepsis. Wie etwa jemand, der von sich sagt, er liebe alle Kinder. Ich will keinen Burgfrieden, denn Burgfrieden sind immer verlogen.

Und vor allem widerstrebt es mir, neue Burgen zu bauen. In meiner Auseinandersetzung mit Frauen bin ich letztlich und im Urgrund immer wieder auf meine Beziehung zu meiner leiblichen Mutter und meiner leiblichen Schwester geworfen, und wenn ich mich vor diesem Thema drücke, erweist sich (u.a.) die Ost-West-Problematik als ein blühendes Feld heftigster Projektionen. Und schon bin ich wieder das erwähnte bockende kleine Mädchen. Verletzt, böse und intolerant. Das ist albern und zugleich bitterernst. Insofern ist ja auch »Ausländerfeindlichkeit« ein so gefährliches Wort, weil die Betonung so irreführend auf dem ersten Teil des Wortes liegt. (Die Mütter der Brandbombenwerfer in Mölln verstehen gar nicht, wie ihre netten, lieben Jungs zu so etwas fähig waren...) Es ist eine Aggression gegen »das andere« schlechthin, die aus einem emotionalen Mangelzustand entstand. Und da ich mich als »gute linke Intellektuelle« natürlich nicht für »ausländerfeindlich« halte, ertappe ich mich immer wieder, ein anderes Ziel zu suchen für meinen Haß, meinen Druck. Sündenböcke finden sich allzu schnell, und am günstigsten ist es, wenn sie sich möglichst stark von mir selbst unterscheiden. Und es gibt primitive und kultivierte Möglichkeiten, von sich selbst abzulenken, den eigenen Schmerz nicht zu spüren.

Einer schmeißt Bomben, die andere verprügelt ihr Kind, und auch in allgemeinen Debatten kannst Du Dich erschöpfen. Bis Du nichts mehr spüren mußt.

Ich brauche Zeit und Kraft, »die anderen« kennenzulernen – meine neuen Stiefschwestern, wie Du sie nennst. Ja wirklich – und das vor allem – viel Zeit.

Liebe Grüße
Deine Ulrike

Die Mauer im Kopf

> Wo ist das Kind, das ich gewesen,
> ist es noch in mir oder fort?
> Weiß es, daß ich es niemals mochte
> und es mich auch nicht leiden konnte?
> Warum sind wir so lange Zeit
> gewachsen, um uns dann zu trennen?
> Warum starben wir denn nicht beide,
> damals, als meine Kindheit starb?
> Und wenn die Seele mir verging,
> warum bleibt mein Skelett mir treu?
> Wann liest der Falter, was auf seinen
> Flügeln im Flug geschrieben steht?
>
> *Pablo Neruda*, »Buch der Fragen«, vorangestellt
> *Christa Wolfs* »Kindheitsmuster«

Das Typische an der DDR war die DDR-Frau. Diesen Satz habe ich in den letzten Monaten viele Male gehört. Westdeutsche Frauen beklagen den Verlust ihres Bildes von der DDR-Frau. Sie erleben ihre ostdeutschen Schwestern gegenwärtig oft als eine verwirrende Mischung von Selbständigkeit und Anpassung, von Mut und Kraft, aber auch von Verzweiflung und Ohnmacht. Das Bild der selbstbewußten, ökonomisch unabhängigen Frau, die Berufsarbeit, Kindererziehung und Haushalt bewältigt – wenn auch nicht konfliktfrei und mühelos –, ist auch und besonders durch die Literatur konturiert worden.

Es entstanden Frauenleitbilder, die den real existierenden Sozialismus auf besondere Weise dokumentierten. Mit einiger Irritation fragen die westdeutschen Schwestern, was aus den Frauen geworden sei.

Ihre Erwartungshaltung wurde auch durch den Unabhängigen Frauenverband nicht eingelöst. Die Schwestern Westdeutschlands sind enttäuscht. Sie beklagen das fehlende Engagement, das Unverständnis für die neue Situation. Irritiert wenden sie sich ab. Mit den »Ossis« kann frau nicht reden. Ein Dialog scheint unmöglich.

Ostdeutsche Frauen erleben ihre westdeutschen Schwestern als

Karriere- oder Hausfrauen, Mischformen eingeschlossen. Sie sehen mit Neugierde, bisweilen auch mit Neid auf die Erfolgreichen und vermissen Identifikationsmöglichkeiten. Hartnäckig bleiben die ostdeutschen Frauen bei ihrem Anspruch, Arbeit, Kindererziehung und Privatleben vereinbaren zu wollen. Verwirrt sehen sie die neuen Frauenleitbilder, die von der »neuen Weiblichkeit« auf der einen Seite bis zur radikalen Feministin auf der anderen Seite reichen, und sind wiederum enttäuscht. Ein Teil ihrer Identität war auch auf Weststandards ausgerichtet. So sind sie doppelt betrogen.

Der reale DDR-Sozialismus wurde in seinen für Frauen positiven Auswirkungen mit großer Selbstverständlichkeit angenommen und gleichzeitig, aufgrund der verheißenen »vollen Gleichberechtigung«, mit Nachdruck kritisiert. Dabei entstanden neue Ansätze in der Frauenkultur auch mit Blick auf die westdeutsche und westeuropäische Frauenkultur. Es entwickelte sich ein neues Selbstbewußtsein, das Selbstbehauptung und Veränderungswillen einschloß.

Diese Lebensausrichtung auf eine Zukunft ist zwar widersprüchlich zu bewerten, zeichnet aber die typische DDR-Frau immer noch aus. Ich spreche hier nicht nur für die Intellektuellen. Gerade für Frauen aus den unteren sozialen Schichten ist der Zusammenbruch der DDR ein radikaler Zusammenbruch ihrer Alltagskultur.

Der »Abschied von der Utopie« Sozialismus und vom Realsozialismus in der DDR, (das sind zwei höchst unterschiedliche Ebenen von Wahrnehmung und gelebtem Leben), bedeutete für viele zugleich die Beendigung von Entmündigung, Einengung, Begrenzung, aber auch den Verzicht auf grundsätzlich gesicherte Werte, wie das Recht auf Arbeit, Subventionen für Kinderbetreuung, Wohnungen u.a.m. Damit ist gegenwärtig ein widerspruchsvoller Individualisierungsprozeß in Gang gesetzt, der das subjektive Verantworten von Lebensrisiken einschließt. Dies trifft auch auf die Frauen der alten BRD zu, nur konnten sie das von Beginn ihres Lebens an trainieren.

Für die Ostdeutschen ist der Umbruch ihrer, wenn auch kritisierten, doch aber vertrauten Alltagskultur zum großen Problem geworden. Es zerbrach das Realbild DDR-Sozialismus, und mit ihm wurde die Utopie Sozialismus unglaubwürdig, denunziert. In gleichem Maße wuchs die Enttäuschung über das Idealbild Westdeutschland. Daran hatten sich nämlich besonders junge Frauen ausgerichtet

(Kleidung, Musik, Auto). Ihre Wünsche, Hoffnungen, Werte orientierten sie, besonders seit den achtziger Jahren, an westdeutschen Standards. Jetzt müssen sie, bei aller sozialen Differenziertheit, im täglichen Leben erfahren, daß diese Welt der Marktwirtschaft für ihre Sozialisationsvorgaben kaum Raum bereithält. Sie betrachten die westdeutschen Frauen nach anfänglicher Bewunderung und Verehrung nicht mehr unkritisch. Die Skepsis wächst auch durch das Sichbehaupten-Müssen und durch eine Reihe von Diskriminierungserfahrungen, die die westdeutschen Frauen so nie kennenlernten.

Die anfängliche Neugier, die Offenheit zum Gespräch, die Bereitschaft zur Solidarität und auch zu gemeinsamer politischer Aktivität sind einer allgemeinen Irritation gewichen. Da sind sie doch in so kurzer Zeit Stiefschwestern geworden, Konkurrentinnen auf dem Arbeitsmarkt; von gemeinsamen feministischen Aktionen ist wenig geblieben. Ob nicht aber diese Irritation der Ost-Frauen auch ihre Chance sein kann?

Die Frauen der neuen Bundesländer können das Identitätsangebot des vereinten Deutschlands nur schwer oder gar nicht annehmen. Sie sind in dreifacher Hinsicht diskriminiert: erstens als Angehörige des weiblichen Geschlechts, zweitens als Bewohnerin der NBL, als sogenannte »Ossis« – das gilt auch für die Männer – und drittens als »Ossi«-Frauen.

Die Frauenfrage galt in der DDR als gelöst. Wenn auch eine Gleichstellung mit dem Mann nicht erreicht war, fühlten sich doch viele nicht diskriminiert. Das gesellschaftlich ausgerichtete Leben hatte Strukturen, in denen die Kritik an der Bürokratie, am Totalitarismus, an politischer Bevormundung das Wahrnehmen patriarchalischer Muster verdeckte. So war der Druck von Staats- und Parteiorganisationen stärker als der Druck auf die Frau als gesellschaftliches Wesen. Während sie im privaten Raum Überlastung, Vereinsamung, Brutalität und Vergewaltigung ertragen mußte, wurde sie öffentlich nicht zum Objekt herabgewürdigt. Im Gegenteil: Ihre Aufwertung und das ständige Beachten ihrer Probleme führten einerseits zu gewachsenem Selbstvertrauen, andererseits aber auch dazu, daß sie ihre Konflikte als private verkleinerte und die gesellschaftlich großen Lügen, Beschönigungen, Heuchelei und Duckmäusertum als belastender empfinden mußte. Erst nach dem

Zusammenbruch der DDR und mit dem Entstehen einer politischen Frauenbewegung wurde zum öffentlichen Problem, daß die vermeintlich gleichen sozialen, juristischen, ökonomischen und individuellen Rechte für Frauen Ideologie geblieben waren.

Diese Ideologie hatte auf einem sozialistischen Leitbild beruht, als dessen wichtigstes Kernstück die Arbeit gesehen wurde. Entsprechend dieser Auffassung erfolgte eine staatlich geregelte Kinderbetreuung. Dieses Faktum ist m. E. für viele Frauen jetzt zur Ursache von Lebenskrisen geworden. Sie definierten ihren Wert als Frau und Mensch über die Arbeit, entsprechend der sozialdemokratischen Tradition. Der sozialistische Betrieb mit seinen Arbeitskollektiven war in der DDR mehr als ein Ort des Arbeitgebers. Er war auch ein Ort der Geselligkeit, des Austausches, des Sammelns von Erfahrungen. Aus diesen Zusammenhängen sind besonders die Frauen durch die höhere Arbeitslosenrate herausgeschleudert worden. Sie sind gleichzeitig dadurch in ihrer Flexibilität eingeengt, weil sie früh Kinder bekamen und die Subventionen jetzt entfallen sind. Wie sollen diese Frauen das Gefühl der Vereinsamung, der Diskriminierung, des Nicht-gebraucht-Werdens kompensieren?

Mit dem raschen Umbruch der bisher für selbstverständlich gehaltenen Voraussetzungen, Orientierungsmuster, Lebenspläne ist ihre gesamte Alltagskultur in Frage gestellt. Der Wandel von »verordneter« Emanzipation zur Individualisierung aller Lebensbereiche wird von zahlreichen Prozessen begleitet, die den Identitätsverlust der Frauen noch spürbarer werden lassen. Zum Beispiel:

– Deindustrialisierung der DDR
– Zerstörung der kollektiven Struktur der Landwirtschaft
– Veränderung der Eigentumsverhältnisse
– Massenarbeitslosigkeit
– Schließung von Kinderbetreuungseinrichtungen
– Wegfall von Subventionen im medizinischen und kulturellen Bereich
– Mieterhöhung u.a.m.

Von diesen Prozessen sind Frauen härter betroffen als Männer. Symptomatisch ist, daß die Männer zuerst ihre Identitätsverluste politisch einfordern. Sie entwickeln auch im neuen System Strukturen, um ihre Konzepte durchzusetzen. So gründeten sie zum Beispiel die »Komitees für Gerechtigkeit«. Zwar sind eine Reihe von Frauen unter den Unterzeichnern zu finden, aber in der Öffentlichkeit sind sie kaum wahrnehmbar. Damit wird eine Politik fortgeführt, die auch die Frauenpolitik der DDR charakterisierte: die Nichtwahrnehmung geschlechtsspezifischer Arbeitsteilung im öffentlichen und privaten Bereich. Die Beschäftigungspolitik gerade für Frauen aus den NBL bräuchte dringend greifende Konzepte. Die gegenwärtige Krise offenbart, daß diese Widersprüche erneut als gesamtgesellschaftlich definiert und ungenügend unter geschlechtsspezifischen Aspekten diskutiert werden. Das Programm »Aufschwung Ost« ist m. E. mit Blick auf die Frauen auch deshalb gescheitert.

Diese Tatsachen führen dazu, daß die Mauer zwischen Ost und West weiter wächst.[1] Der Graben aber, der gleichzeitig als »Niemandsland« neu entsteht, zwingt zum Nachdenken über die Gründe der Ost-West-Barrieren. Solange die Zwangseinheit Deutschland vorrangig als ein ökonomisches Problem der Investition Westdeutschlands gesehen wird, müssen sich die sozialen Spannungen Ost-West verschärfen. Der Zusammenbruch des Kommunismus ist nicht nur in Europa, sondern weltweit in vielen Bereichen spürbar. Nicht spürbar ist ein geistig-kultureller Aufbruch und die Wirksamkeit ökonomisch-politischer Reformen. Ich vermisse vor allem Frauen in wichtigen Funktionen der europäischen und deutschen Transformationsprozesse.

Ich möchte aus meiner Sicht einige Gründe nennen, warum ostdeutsche Frauen sich nicht genügend in die Umbrüche einmischen:

1. Eine selbstbewußte Frauenkultur, die Raum schuf für einen eigenständigen Blick auf die Gesellschaft, auf Sexualität, auf das Geschlechterverhältnis, auf männliche Wertesysteme, auf das eigene Frausein und nicht zuletzt auf die Beziehungsnetze unter Frauen hat sich aus den oben beschriebenen Gründen in der DDR nicht herausgebildet. Die Frauenbewegung der DDR war eine politische Einmischung »von oben«, getragen vor allem von Intellektuellen, und von daher keine soziale Bewegung, gestützt auf eine Massenbasis.

2. Da eigene Konzepte im wesentlichen fehlten, erfolgte zwangsläufig ein punktuelles Ausrichten auf Ergebnisse der westdeutschen

und westeuropäischen Frauenbewegung. Die feministischen Bestrebungen in der BRD und die neu entstandenen in der DDR konnten kein gemeinsames politisches Programm entwickeln. Die Gründe sind vielgestaltig und wären noch zu erforschen.

3. Aufgrund der ökonomischen Unabhängigkeit und des gewachsenen Selbstbewußtseins der Frauen entwickelten sie eine spezifische Anti-Staats-Haltung. Sie drückt sich u.a. besonders in der Literatur von Frauen aus. So ist m.E. Christa Wolfs »Nachdenken über Christa T.« der Beginn einer literarisch-ästhetischen Frauenbewegung in der DDR. Hier sehe ich wichtige Anknüpfungspunkte für weitere feministische Ansätze. Die DDR-Frau hat ihre Ansprüche, Ideale, Werte an der sozialistischen Utopie gemessen. Durch den Vergleich mit den realen Verhältnissen entstand ein Kritikpotential, das weiterreichend war als nur Kritik am Partei- und Staatsapparat. In der gegenwärtigen Krise kann dieses Potential nicht geleugnet werden, und es bestimmt einen wesentlichen Differenzpunkt von ost- und westsozialisierten Frauen.

4. Wegen ihrer DDR-Sozialisation, die die Geschlechterkonflikte tabuisierte, meiden ostdeutsche Frauen die Konfrontation mit Männern. Monika Maron hat diese Unterschiede sehr gut in ihrer »Kleist-Preisrede« beschrieben. Da aber im jetzigen Zivilisationsmodell Leistungsdruck, Konkurrenz, Dominanz vorherrschend sind, sind die Frauen gegenüber den Männern von ihrem Sozialisationsmuster her benachteiligt.

5. Viele Reformen werden jetzt von Kommissionen initiiert, in denen Frauen, wie Ostdeutsche überhaupt, unterrepräsentiert sind. So erfolgen Evaluationen und Abwicklungen ohne Sensibilität für ostdeutsche Lebensverhältnisse und Erfahrungsbereiche. Im Vordergrund der Entscheidungen stehen häufig nicht inhaltliche, sondern politische Aspekte. Die westdeutsche Seite fragt nach Kooperation mit dem Regime m. E. nicht differenziert genug. Die Stasi-Debatte um Christa Wolf und Heiner Müller offenbarte einmal mehr, daß es nicht nur um die Frage Täter(in) – Opfer gehen kann.

Die Aufklärungsarbeit über unser Verwobensein müßte mehrdimensional geführt werden. Eine Studentin antwortete auf diese Frage: »Es war schwer, in der DDR eine Identität zu entwickeln, denn viele wie ich waren ja weder direkt mit dem Regime identifiziert noch aktiv in der Opposition, im Widerstand. Du warst in einer undefinierten Grauzone, bei jedem Schritt hast du dir überlegt, wie weit kannst du gehen, wo mußt du dich anpassen, dich verleugnen, und Kompromisse sind wir viele eingegangen.« Die Studentinnen benennen aber auch ihre doppelte Irritation über diesen Zustand (früher und jetzt). In dieser kritischen Distanz zum Umbruchsverlauf sehe ich auch eine Chance, neue Formen von Integration und Abwehr zu erproben.

6. Fast alle Frauen der DDR haben seit 1989 tiefe Identitätskrisen erlebt, für die immer noch nicht genügend Reflexionsraum und Sprache geschaffen wurde. Die Auswirkungen werden sich erst noch zeigen. Wenn die Ostdeutschen zu wenig Möglichkeiten zur Selbstreflexion finden, muß sich das erschwerend auf die Integration auswirken. Es geht um das Aufdecken von Lebenslügen und deren Folgen für Frauen und Männer.

Es sind noch weitere Gründe zu finden, die eine Ost-West-Annäherung komplizieren.

Die Differenzen zwischen Ost und West sind nicht nur groß, sondern werden von beiden Seiten nicht sachlich benannt und durch Abwehr und Ungeduld zugeschüttet.

Die Zwangseinheit macht beiden Seiten zu schaffen. Für die Westdeutschen werden die Schwierigkeiten bei der Anpassung des Denkens, der Arbeitsformen und des Arbeitstempos sowie Veränderungen der Alltagskultur vor allem als Investitionsprobleme diskutiert. Für die ostdeutschen Frauen ist die Angleichung komplizierter.

Sie müssen die Individualisierung aller Lebensrisiken (Erhöhung der Mieten, kein Arbeits- oder Kindergartenplatz, Wegfall von Subventionen) als einen Prozeß erfahren, der ihr gelebtes Leben (die sozio-kulturellen Verhältnisse mit Ideologisierungen) radikal in Frage stellt. Die »Mauer im Kopf« läßt sich nur schwer einstürzen. Dabei wird deutlich, daß die Begrenzung durch die einst so verhaßte Mauer erst jetzt als Graben spürbar wird. Der Zeitsprung, der den Ostdeutschen abverlangt wird, ist zu groß.

Erst langsam wird klar, was 40 Jahre unterschiedlicher Entwicklung bedeuten. Die Aufgaben, die sich für die Überwindung dieses Abstandes stellen, sind nicht nur von einer Seite aus zu lösen. Die Irritation ist auf beiden Seiten. Das Schlagwort von der »Mauer im Kopf« ist ein Produkt der Enttäuschung, nämlich der Illusion, alles sei nach langer Zeit schnell und leicht wiederherzustellen. Jeder neue Tag macht aber die Entfernung vom Gewesenen größer. So sehe ich in der gegenwärtigen Krise auch eine Chance, die Entwicklungsformen deutscher, europäischer und außereuropäischer Politik, Wirtschaft und Kultur neu zu struktuieren. Es geht nicht nur um die NBL. Im Weltmaßstab betrachtet, sind die ökonomischen, ökologischen und sozio-kulturellen Krisen unübersehbar. Das heißt nicht, die Schwierigkeiten und Probleme des Übergangs in Ost und West zu leugnen. Sie werden uns noch so lange bedrängen, wie die Beschäftigungsprobleme in den östlichen Bundesländern den Abstand gegenüber der westlichen Entwicklung zu verfestigen scheinen. Die Folgen allerdings sind sehr persönlich zu tragen. Damit ist die gegenwärtige Krise nicht nur wirtschaftlicher, politischer, sondern auch moralischer Natur.

Wer aber wäre in der Parteienlandschaft imstande, die notwendige moralische Anstrengung zur Wahrheit aufzubringen und diese langwierige Zerreißprobe zwischen dem Osten und Westen durch Vertrauen und Überzeugungskraft zu bestehen? Die Antwort fällt wohl eher pessimistisch aus.

Abschließend sei Heiner Müller zitiert. Befragt nach dem verschwindenden Staat, antwortete er mit einem Zitat von Äschylos:

»So sprach der Adler, als er an dem Pfeil
Der ihn durchbohrte, das Gefieder sah:
So sind wir keinem anderen erlegen
Als unserer eigenen Schwinge«

Anmerkung

1 Lt. Wickert-Institut. In: »Junge Welt«, 17.8.1992, S. 5.

SIGRID METZ-GÖCKEL (WEST)

Elisabeth – eine Maschinenbauingenieurin in der DDR

Ich habe Elisabeth im Rahmen einer kleinen Tagung zum Thema Frauen und Technik im Jahre 1991 kennengelernt, die von Frauen aus der Politik, Wissenschaft und Wirtschaft der alten BRD initiiert worden war.[1] Ich saß bei diesem Treffen von West- und Ost-Frauen zufällig neben ihr, und sie erzählte mir von den Ereignissen und Fraueninitiativen in Dresden gleich nach der Wende.[2] Es war mein erster wissenschaftlicher Kontakt mit DDR-Frauen und ein sympathischer sogleich. Zwischendurch telefonierten wir mehrfach miteinander. Elisabeth hat meiner Kollegin Ursula Müller und mir im Rahmen der Shell-Jugendstudie[3] eine Dresdener Maschinenbaustudentin als Interviewpartnerin vermittelt und uns in ihrer Wohnung beherbergt. Danach waren wir ebenfalls 1992 gemeinsam an einer Sendung des Deutschlandfunks beteiligt.

Elisabeth war mir in dem kleinen Kreis von Wissenschaftlerinnen dadurch aufgefallen, daß sie der Darstellung einer Kollegin ihrer Universität dezent widersprach. Nur in parteigebundener Loyalität hätten Frauen in der DDR eine wisssenschaftliche Karriere machen können. Das sei bei ihr nicht der Fall gewesen.

Als ich sie für diese Veröffentlichung ansprach, hatte sie zunächst große Bedenken wegen des Titels. Stiefschwestern, so wandte sie ein, assoziiere ein zweitrangiges, gestörtes, ja negatives Beziehungsverhältnis zwischen Schwestern, in dem kaum Raum für Versöhnung und gemeinsames Wachsen bleibe. Auch die Eltern gerieten in ein schiefes Licht, weil Stiefmutter und Stiefvater sich zu Stiefkindern meist mißgünstig verhielten und keine positive Beziehung aufbauten, so eine landläufige Meinung.

Nein, eine Stiefschwester wolle sie nicht sein. Der Titel werfe, so Elisabeth, einen Schatten auf das ganze Projekt der Zusammenarbeit zwischen DDR- und BRD-Frauen.

Ich teilte ihre Bedenken und vermittelte sie der Herausgeberin.

Diese reagierte schwesterlich. Wir seien die ersten und einzigen, die an diesem Titel Kritik übten. Diese sei zwar prinzipiell nachvollziehbar. Aber schwierig, spannungsreich und von Deklassierungsgefühlen begleitet seien nun mal die Erfahrungen der Zusammenarbeit zwischen Frauen aus Ost und West – stiefschwesterlich eben.

Diese Erfahrungen wollen wir nicht leugnen oder gar bewerten.

Wir stellen unsere Sicht daneben und denken, daß sie nicht die einzige dieser Art ist.

Indem im folgenden ein Einzelschicksal skizziert wird, werden verallgemeinernde Aussagen vermieden. Aber in diesem Einzelfall spiegelt sich so viel Allgemeines, daß die Leserin und der Leser sich selbst ein Urteil bilden können.

»Wie Schuppen von den Augen fallen, so brach das sozialistische System der DDR zusammen. Und Schuppen fielen vielen von den Augen bei dem, was sie danach sahen«, so kommentiert Elisabeth ein Titelbild der Frauenzeitschrift ›Ypsilon‹, auf dem von den Augen eines Frauengesichts die Scheuklappen fallen.[4] Sie hatte diese Zeitschrift für das Gespräch im Dezember 1992 ins Wissenschaftszentrum Berlin mitgebracht.

»Das kann jeder passieren«, sagt sie gleich, als wir das Gespräch beginnen und meint damit, daß sich Sichtweisen und Lebensverhältnisse markant ändern können.

Mit kritischem Blick: eine Ingenieurin in der DDR

Elisabeth ist Preußin, in Brandenburg aufgewachsen. Sie hat in den 60er Jahren an der TU Dresden Maschinenbau studiert und als eine von ganz wenigen Frauen in der Fachrichtung Feinmechanik und Regelungstechnik 1964 ihr Diplom gemacht.

An der Ingenieurhochschule, an der Elisabeth zunächst beschäftigt war, betrug der Anteil der Frauen ca 50%. An der TU Dresden waren zum Zeitpunkt der Wende 1989 die Anteile der Frauen im Studium je nach Fachrichtung sehr unterschiedlich[5]:

- Grundlagen des Maschinenbaus   32%
  mit rückläufiger Tendenz
- Fertigungs- und Werkzeugtechnik   16%
- Verarbeitungs- und Verfahrenstechnik   49%
- Kraftfahrzeug- und Fördertechnik   7%
- Bauingeneurwesen   27%
- Architektur   58%

Sie fürchtet, daß diese Zahlen nach der Wende zurückgehen werden. Der Bericht von Karin Reiche, der Gleichstellungsbeauftragten der TU Dresden, zur Gleichstellungsarbeit an den Hochschulen des Freistaates Sachsen[6] gibt ihr Recht. In Sachsen wird die Gleichstellung der Frauen massiv abgebaut und gleichzeitig ein Instrumentarium zur Gleichstellungsarbeit aufzubauen versucht, einer der vielen Widersprüche, mit denen die Frauen in den neuen Bundesländern konfrontiert sind.

»Meine Mutter ist in einer kinderreichen Familie aufgewachsen. Sie hatte acht Geschwister und das typische Rollenverständnis von Frauen. Sie mußte in der Erziehung der Kinder und der Versorgung der Kinder und des Mannes ihre Lebenserfüllung sehen.

Wir waren sechs Kinder. Meine Mutter war nie berufstätig. Insofern sehe ich schon einen ganz großen Unterschied, denn sie war finanziell nie so unabhängig wie unsere Generation.«

»Hast du das nicht als einen unheimlich großen Sprung empfunden, deine Lebenssituation im Vergleich zu der deiner Mutter?«

»Ja, das ist schon ein großer Sprung. Die Bejahung bedeutet aber nicht unbedingt auch eine Bewertung. Ich kann nicht sagen, meine Mutter hätte sich tief unglücklich gefühlt. Den Eindruck habe ich nicht gehabt, obwohl es bestimmt in den Kriegsjahren sehr problematisch war.«

Elisabeth ist mit ihrem Mann, der aus Thüringen stammt, und den sie im Studium kennengelert hat, in Dresden geblieben.

»Du hattest gesagt, für deine Entscheidung, Maschinenbau zu studieren, sei dein Bruder sehr wichtig gewesen, der auch Maschinenbau studiert hat. Jetzt erkenne ich, daß du immer auch andere Interessen außer den Ingenieurwissenschaften hattest. Du liest viel, und Kunst und Kultur haben dich immer angesprochen. Du hast auch ein Soziologiestudium absolviert.«

»Ein Postgraduiertenstudium. Das habe ich 1987 abgeschlossen. Für mich ist der Zusammenhang von Informatik und gesellschaftlicher Entwicklung ein sehr heißes Eisen. Zu DDR-Zeiten wurden solche Dinge überhaupt nicht diskutiert. Ich wollte auf diesem modernen technischen Gebiet auf Probleme in der Gesellschaft aufmerksam machen. Aber zu DDR-Zeiten waren kritische Gedanken offiziell nicht gefragt. Ja, das war eine ganz klare Erkenntnis. Die Partei, die hat immer recht, das war dieses System, da war keine Dynamik drin. Die Ansichten wurden von einem bestimmten Funktionärskreis vorgegeben. Wer davon abwich, der konnte nicht ganz gesund sein. Es gab wirklich solche brutalen Darstellungen, daß diese ewigen Meckerer nicht ganz rundlaufen.«

»Würdest du dich denn als eine ewige Meckerin bezeichnen?«

»Das würde ich nicht. Aber ich würde mich doch als eine sehen, die die Dinge sehr kritisch betrachtet hat, die sich mit vielem nicht identifizieren konnte. Bloß hattest du eben kaum die Möglichkeit, Kritik auch offiziell zu vertreten. Sich dort zur Wehr zu setzen, Widerstand aufzubauen, also das hätte Kräfte erfordert, die wohl nur sehr, sehr wenige hatten.«

Eine immer berufstätige Mutter

Elisabeth und ihr Mann haben drei Töchter. Als die Kinder klein waren, unterrichtete sie stundenweise an einer Fachschule. Bis zum Alter von drei Jahren hat sie ihre Kinder vorwiegend zu Hause erzogen, teils mit Unterstützung von Nachbarinnen. Elisabeth war gegen die Krippenerziehung eingestellt, wie sie damals bereits für Kinder ab dem neunten Lebensmonat praktiziert wurde.

Die Fachschule wurde 1969 in eine Ingenieurhochschule überführt und 1987 mit der Fakultät für Informationsverarbeitung der TU Dresden zur Fakultät für Informatik zusammengelegt.

Elisabeth ist Lehrerin im Hochschuldienst im Studiengang Informatik der TU Dresden. Sie hält ihren Arbeitsplatz für relativ sicher. Ihr Mann bezieht seit dem 1.1.1993 Altersübergangsgeld, das ab dem 55. Lebensjahr gezahlt wird.

Elisabeth wohnt mit ihrem Mann in einem ›bürgerlichen‹ Mehrparteien-Haus mit großen Wohnungen in schöner Stadtlage.

»Das ist unsere erste und bisher einzige gemeinsame Wohnung. Allerdings haben wir in diese Wohnung außerordentlich viel investiert, einmal an Arbeitsleistung und auch materiell, weil sich die Wohnung in äußerst desolatem Zustand befand. Wir haben viel investiert, weil wir annahmen, sehr viele Jahre in dieser Wohnung leben zu können.

Das ist jetzt auch mit großer Unsicherheit behaftet, weil für dieses Gebäude Rückgabeforderungen des ehemaligen Eigentümers aus dem alten Bundesgebiet bestehen. Wir müssen sehen, wie sich die Dinge entwickeln.

Wir sind kein Ausnahmefall, das möchte ich sehr betonen. Es sind viele Familien von ähnlichen Problemen betroffen, ob es eine unsichere Arbeitssituation oder die Unsicherheit mit den Wohnungen ist.«

Fremd- und Selbstbilder: Frauen aus Ost und West

»Elisabeth, du hast mir schon einiges über West-Frauen erzählt. Beschreib doch ein bißchen, welche Unterschiede, aber auch welche Übereinstimmungen du wahrnimmst.«

»Es geht mir nicht so, daß ich extreme Unterschiede feststelle zwischen den sogenannten Ost- und West-Frauen. Allerdings ist wohl nicht zu verkennen, daß ganz gewiß durch die unterschiedliche gesellschaftliche Entwicklung auch unterschiedliche Betrachtungsweisen existieren. Das Keep-smiling haben sich DDR-Frauen nicht so antrainiert«, bemerkt Elisabeth gelassen. Sie habe vielmehr gelernt, eigene, abweichende Gedanken zu entwickeln und diese für sich zu behalten.

»Außerdem ist mir bei Tagungen aufgefallen, daß die West-Frauen – auf mich zumindest – irgendwie freier wirkten und oftmals auch nicht so gestreßt, was daher rühren kann, daß die Frauen zu

DDR-Zeiten ziemlichen Belastungen ausgesetzt waren, indem sie Kindererziehung, Haushalt und Beruf, alles zusammen bewältigt haben. Die berufstätigen Frauen in der DDR hatten im Normalfall keine Hilfen im Haushalt, z.B. Putzfrauen oder Kinderfrauen.

Mit Blick auf Akademikerinnen und Wissenschaftlerinnen ist für uns natürlich besonders auffällig, daß Frauen in den alten Bundesländern über sehr viel mehr Fremdsprachenkenntnisse verfügen und damit eventuell auch bessere Chancen auf dem Arbeitsmarkt haben.«

Die Selbstausbeutung der DDR-Frauen war enorm. Sie bekamen die Vereinbarkeit von Beruf und Familie als Leistung des Sozialismus angetragen. Und die von der Gesellschaft umfassend bereitgestellte Möglichkeit der Kinderbetreuung vom Kleinstkindalter an war auch eine solche. Trotzdem waren die erwerbstätigen Mütter oft schlicht überfordert.

Die eigenen Wege der Töchter

Obwohl die Eltern Maschinenbau studiert haben, sind alle drei Töchter andere Wege gegangen. Die Mutter kommentiert es gelassen und verständnisvoll.

Auf meine Frage: »Du hast drei Töchter. Wie kommt es, daß keine von ihnen, was ihre beruflichen Interessen betrifft, in deine Fußstapfen getreten ist?« antwortet sie:

»Das ist wahrscheinlich gar keine Seltenheit. Gerade wenn Kinder und speziell Töchter sehen, wie sich Eltern beruflich stark engagieren, betrachten sie dieses berufsbedingte Ausgelastetsein möglicherweise nicht als Vorbild für ihr Leben. Wahrscheinlich übt die Technik oder die Vorstellung, auch beruflich auf dem Gebiet der Technik zu arbeiten, nicht solchen Reiz auf sie aus. Sie interessieren sich für andere Gebiete: Geisteswissenschaften und den humanitären und sozialen Bereich. Also das kann man nicht an eine Gesellschaft anbinden, sondern das ist einfach eine Erlebniswelt der Kinder, und die muß man tolerieren und akzeptieren.

Bis vor einem Jahr hab ich geglaubt, daß eine Berufsausbildung auf technischem Gebiet einen sicheren Arbeitsplatz bietet. Aber es zeigt sich gerade jetzt, daß durch das Zusammenbrechen der Industrie auch die Frauen mit einer technischen Ausbildung von der extremen Arbeitslosigkeit betroffen sind.«

Die feinen Unterschiede zwischen den Generationen

»Die Jüngeren beurteilen die Wende ein bißchen anders, denn sie sehen nicht, daß Jahre ihres Lebens damit hingingen, eingesperrt zu sein. Sie sehen auch die Vorteile. Sie fühlten sich im Sozialismus nicht unbedingt unterdrückt, und eine gewisse Geborgenheit existierte für die Jugendlichen.

Meine Töchter verdammen den Sozialismus nicht in Bausch und Bogen. Aber sie sehnen dieses System auch nicht wieder zurück. Sie waren gleich viel kritischer als sehr viele Menschen, die erst mal im Sozialismus einen Weg sahen. Jetzt erleben sie natürlich die soziale Marktwirtschaft sehr unterschiedlich.«

Lebensbrüche: Arbeitslosigkeit – Unsicherheit

Elisabeth ist in einer Personalkommission ihrer Universität tätig gewesen. Dort wurde über die persönliche Integrität der Kollegen und Kolleginnen beraten und befunden. Dies ist ihr sehr nahegegangen. Als äußerst belastend sieht sie auch die Entwicklung der Arbeitslosigkeit.

»Die Arbeitslosigkeit greift rigoros um sich. Vor allem gibt es immer mehr Menschen, für die die zwei Jahre materiell relativ abgesicherter Arbeitslosigkeit jetzt zu Ende sind. Sie sind dann auf Sozialhilfe angewiesen, und das ist eine Erfahrung, die äußerst bitter ist, denn damit hat niemand gerechnet.«

»Niemand gerechnet?«

»Also, es gab im Sozialismus eine ziemlich gleiche Lebenssituation der Menschen, die eine gewisse Sicherheit einschloß. Diese Sicherheit existiert für breite Kreise nicht mehr.«

»Aber du befürchtest für dich selbst keine Arbeitslosigkeit?«

»Im Moment nicht, aber ich möchte keine generelle Aussage machen, weil sich Dinge von heute auf morgen ändern können. Wenn mein Mann neun Jahre vor dem Erreichen des Rentenalters aus dem Berufsleben ausscheiden muß, dann ist das für mich bei dieser schlechten Absicherung wie Arbeitslosigkeit.

Ich sehe es als sehr problematisch an für die vielen, die davon betroffen sind, daß sie so unvorbereitet in dieses Alters-Dasein kommen, in dieses Rentenalter. Diesen Bruch bewältigen viele nicht.«

»Und für dich selbst? Wenn du jetzt genau wüßtest, du würdest in zwei Jahren auch abgewickelt?«

»Nein, abwickeln, das gibt es bei uns nicht. Abwickeln, das trifft für Mitarbeiter von Einrichtungen zu, die vom System ideologisch stark durchdrungen waren. Die mußten einfach aufgelöst werden. Das gibt es für uns nicht. Sondern bei uns sind es Kündigungen aufgrund mangelnden Bedarfs. Das betrifft vor allem Mitarbeiter, die das 55. Lebensjahr erreicht haben. Sie haben nach so vielen Berufsjahren eine miserable soziale Absicherung.

Es ist nicht mein Anliegen, ein Jammerbild zu entwerfen, nur – es gibt mehr als genug Probleme.«

Politische Stimmungslagen und Fremdenfeindlichkeit

Als sie in Bad Elster zu einer Kur war, hat Elisabeth durch Schilderungen anderer Frauen bemerkt, wie gehässig die Menschen in der DDR zueinander geworden sind, mehr als früher.

»Du sagtest, die Stimmung in der Bevölkerung ist schlecht.«

»Das ist doch wohl verständlich, wenn dermaßen viele Betriebe ihre Existenz aufgeben und so viele Menschen arbeitslos werden, die dies in ihrer Lebensplanung nie vorgesehen hatten. Man muß natürlich sehen, daß die Menschen diese Entwicklung zwei Jahre ziemlich gelassen hingenommen haben in der Hoffnung: Hier muß sich was ändern. Aber je mehr Leute in das soziale ›Aus‹ geraten, um so gefährlicher wird die Situation. Entweder nehmen sie eine fatalistische Lebenshaltung ein, oder sie sagen, das können wir uns nicht mehr gefallen lassen.«

»Wenn du die Stimmung bei den Leuten, das, worüber sie reden und wovor sie Ängste haben, vergleichst mit der Zeit, in der sie relativ ›geschützt‹ in der DDR gelebt haben – längst nicht alle selbstverständlich –, glaubst du, daß sie sich eher nach rechts entwickeln werden oder daß sie ihre Wut eher einsetzen, um einen dritten Weg zu suchen? Die Linken haben ja zeitweilig gehofft, es würde noch einmal eine eigene DDR-Entwicklung geben.«

»Das sind fast prophetische Gaben, die man da haben müßte, und mir fällt zur Zeit außerordentlich schwer, überhaupt abzuschätzen, wie es gehen könnte. Aber in dem Umfeld, in dem ich arbeite und lebe, sehe ich diesen Ruck nach rechts nicht.«

»Ich habe gehört, daß es vor allem rechte Organisationen der alten Bundesrepublik sind, die ihr Betätigungsfeld im Osten suchen und dort ihre Fische fangen. Das ist nicht aus der DDR hervorgegangen, sondern die Radikalen dort werden unterstützt und angeheizt aus dem Westen.«

»Das erscheint mir auch verständlich, daß man unter unzufriedenen Menschen Mitläufer sucht.«

»Bei uns sind es ja nicht nur Schönhuber und Konsorten. Es sind nicht unbedingt Arme, Arbeitslose, Zukurzgekommene, die diese Demagogen unterstützen.«

»Nein, Frey usw., im Gegenteil, das sind sehr wohlhabende Männer. Es gab natürlich auch schon zu DDR-Zeiten Jugendliche, die dieses nazistische Gedankengut verherrlicht haben.«

»Na klar, um die Alten zu provozieren und mal etwas anderes zu machen.«

»Ja, genau, so sehe ich das auch, aber nicht, um Unzufriedenheit mit dem System direkt zu äußern.«

Einstellung zu Frauenpolitik und Partnerschaft

»Was hältst du eigentlich vom Unabhängigen Frauenverband? Was hast du von ihm wahrgenommen?«

»Es gab zu DDR-Zeiten politisch aktive Frauen, die in das System paßten, die z.B. innerhalb des Demokratischen Frauenverbandes politisch aktiv wurden.«

»Die Frauenpolitik hast du nicht so verfolgt?«

»Nein, ich muß dir sagen, ich war beruflich und auch familiär stark eingespannt, und das war nicht meine Welt, anders kann ich's nicht sagen. Es gab doch zu DDR-Zeiten keine unabhängige Frauenpolitik. Die mußte in diese Ideologie passen, das war nicht meine Welt.

Jetzt scheint es mir mit den Frauen so zu sein, daß sie mehr oder weniger auseinanderlaufen, ohne sich zu vereinigen und damit eine stärkere Frauenorganisation zu konstituieren. Wie gesagt, ich kann das aber nicht genau beurteilen.«

»Was war denn deine Welt?«

»Das ist eine interessante Frage! Meine Welt war, beruflich gute Arbeit zu leisten und die Erziehung der Töchter so zu lenken, daß sie tatkräftig Entwicklungen mitgestalten können. Und natürlich hat man auch bestimmte Nischen gesucht. In Dresden als sogenannter Kunststadt gab es sehr viele kulturelle Möglichkeiten: z.B. Konzerte oder Museen. Wir haben auch unsere Kinder schon sehr zeitig an solche Erlebnisse herangeführt. Und vor allem, ich lese außerordentlich gerne.«

»Ihr habt wenig ferngesehen, da hattet ihr auch mehr Zeit.«

»Ja, das kann man wohl sagen. Das hielt sich sehr in Grenzen. Dresden gehörte ja mit zu dem ›Tal der Ahnungslosen‹, weil es kein Westfernsehen empfangen konnte. Aber ich kann nicht unbedingt sagen, daß das umfangreichere Fernsehprogramm einen tollen Gewinn bringt, was die Qualität der Sendung anbelangt. Aber man kann sich sehr gezielt bestimmte Sendungen heraussuchen, und es ist ja nun jedem selbst überlassen. Wenn sich jemand unkritisch von 16 Uhr bis 23 Uhr vor den Fernseher setzt, so ist das dessen Entscheidung und bestimmt keine gute.

Vielleicht ist es auch zeitbedingt, daß viele Menschen abschalten wollen, um mit den täglichen Sorgen nicht zugeschüttet zu werden.«

Werte und Wende: Die Bedeutung der Kirche

Elisabeth hat ein distanziertes Verhältnis zur Kirche, obwohl diese einen relativ parteifernen Raum bot.

Die vielen Kirchenaustritte heute zeigen, daß die Menschen in der DDR die Kirche weniger um ihrer selbst willen als aufgrund ihrer gesellschaftlichen Ausnahmestellung unterstützt und mitgetragen haben.

»Seid ihr eigentlich auch in die Kirche gegangen?«

»Aus Überzeugungsgründen? Nein, nicht, sondern wir haben sehr viele kulturelle Angebote wahrgenommen. Insofern hatten wir immer eine Verbindung zur Kirche.«

»Studiert nicht eine Tochter von dir evangelische Theologie?«

»Ja, sie hat Theologie studiert zu DDR-Zeiten. Sie sah in diesem Studium eine Möglichkeit, nicht so sehr an die Ideologie dieses Sozialismus gebunden zu sein. Denn jedes andere geisteswissenschaftliche Fach war eindeutig durch bestimmte ideologische Vorgaben geprägt.«

Drei Wünsche:
Frieden in der Welt, familiäres Wohlergehen, Gleichberechtigung
und Partnerschaftlichkeit der Geschlechter

»Wenn du drei Wünsche frei hättest, welche wären das?«

»Also, das soll jetzt nicht hochtrabend klingen, aber gerade zur Zeit wäre der größte Wunsch, daß unter den Menschen Frieden herrscht. Wir können doch schauen, wohin wir wollen, überall ist Krieg und Hunger, eine angsterregende Entwicklung.

Dann möchte ich natürlich, daß meine Familie die turbulenten Zeiten unbeschadet übersteht, die Töchter beruflich gut vorwärtskommen.

Und ich wünsche mir, gesund zu bleiben, denn um diese Belastungen auszuhalten, muß man gesund sein.

Ich würde mir auch wünschen, daß Frauen auf den verschiedenen Gebieten mehr Einfluß gewinnen. Aber mein Interesse zielt nicht ausschließlich auf Frauen, sondern allgemein sollten mehr partnerschaftliche Verhältnisse entwickelt werden. Um Probleme dieser Welt zu lösen, müssen Frauen und Männer gemeinsam arbeiten. Diese ausschließlich auf Frauen bezogene Sicht, da steh ich nicht so hundertprozentig dahinter.«

»Aber wenn die Männer nicht wollen?«

»Ja, das ist das große Problem, denn die sind in der Position der

Stärkeren, und die müssen etwas abgeben, und das kannst du natürlich suchen heutzutage.«

»Deshalb kann man nicht immer alles gemeinsam, manchmal muß man auch etwas gegen sie machen.«

»Ja, das stimmt. Bloß erfordert das auch Solidarität der Frauen untereinander. Und ich bin sehr skeptisch, ob sie in Bewährungssituationen immer vorhanden ist. Da können auch negative Verhaltensweisen der Frauen zutage treten.«

Abschließende Bemerkungen

Dieses Gespräch mit Elisabeth habe ich auf Tonband aufgenommen, transskribiert, redaktionell nur geringfügig überarbeitet und mit ihrer Zustimmung veröffentlicht.

Es zeigt mir, wie schmerzhaft der Transformationsprozeß der staatssozialistischen DDR-Gesellschaft in eine Marktgesellschaft im Stil der alten Bundesrepublik ist. Die geistreiche These von der zivilisatorischen Lücke, die Wolfgang Engler der DDR-Gesellschaft attestiert[7] und die auf die fehlenden Brückenglieder zwischen Fremdzwang und Selbstzwang für die DDR Bürger verweist, kann nicht generell zutreffen.

Elisabeth und ihre Familie – und sicherlich viele andere auch – haben als Individuen in der DDR in ihrem Umfeld Rückhalt und Eigenständigkeit ohne öffentliche Unterstützung entwickelt, ›eine Gesellschaft‹ in der Gesellschaft gebildet, ohne die das DDR-System nicht wie ein Kartenhaus zusammengefallen wäre. Ob es etwas vergleichbar Eigenwilliges und ›Selbstsozialisiertes‹ in der alten BRD gab, erscheint mir fraglich. Grund genug, genauer auf die DDR-Frauen zu schauen.

Anmerkungen

1 Es handelt sich um die von Doris Janshen initiierte Gruppe Frauen und Technik, die die Denkschrift herausgegeben hat: Doris Janshen (Hg.): Hat die Technik ein Geschlecht? Denkschrift für eine andere Zivilisation, Berlin 1990.

2 Sie machte mich z.B. auf das Handbuch aufmerksam: Katrin Rohnstock (Hg.): Wegweiser für Frauen in den fünf neuen Bundesländern, Berlin 1991.

3 Diese Jugenduntersuchung ist inzwischen erschienen: Jugendwerk der Deutschen Shell: Jugend '92. Lebenslagen, Orientierungen und Entwicklungsperspektiven im vereinten Deutschland, Opladen 1992

4 Die Frauenzeitschrift ›Ypsilon – Zeitschrift aus Frauensicht‹ hat nach zehn Ausgaben ihr Erscheinen im November 1991 einstellen müssen.

5 Quelle: Mündliche Auskunft der Arbeitsgruppe für Statistik beim Rektorat der TU Dresden, vermittelt von der Interviewten.

6 Karin Reiche: Bericht zur Gleichstellungsarbeit an den Hochschulen des Freistaates Sachsen. In: Frauenarbeit und Informatik. Schwerpunktthema: Frauenförderung. Rundbrief 6 der Fachgruppe Frauen in der Informatik, Oktober 1992, S. 25f.

7 Wolfgang Engler: Die zivilisatorische Lücke. Versuche über den Staatssozialismus, Frankfurt a.M. 1992.

MECHTILD JANSEN (WEST)

Keineswegs nur westliche Dominanz –
zum Verhältnis
der beiden Frauenbewegungen

1.

»Mutter Erde«, »Vater Staat«? Eine Mutter, verschiedene Väter und deshalb Stiefschwestern? Wirklich nur eine Mutter? Oder doch ungleiche Schwestern und Frauen des Landes – manche sich ähnlich, manche sich fremd, zwischen Nähe und Ferne, Übereinstimmung und Streit, Konkurrenz und Verbündung, seltener sich gleichgültig?

Gescheiterte Dialoge bislang zwischen Frauen aus Ost- und Westdeutschland, zwischen den Frauenbewegungen? Gescheitert wären sie erst dann, wenn sie nicht mehr geführt würden. Die Gespräche waren gekennzeichnet von der Suche nach emotionaler und politischer Vergewisserung aneinander. Diese war nicht zu finden. Statt dessen Fremdheit, Nicht-Verstehen, Unkenntnis, Abgrenzung und schließlich Enttäuschung, Ablehnung und Rückzug. Aber dennoch war dieser Austausch – für die, die etwas erfahren möchten – aufschlußreich. Er ist Voraussetzung für ein reiferes Verhältnis zueinander, wo das Interesse aneinander noch nicht verloren ist.

Daß die Frauen aufeinander Bezug genommen haben, ist das Interessante und Positive. Das Verhältnis war keineswegs nur einseitig westlich dominiert. Vielmehr haben beiderseits Frauen zueinander gefunden, die nicht zufällig etwas voneinander erwarten und deren Umgang miteinander mehr als nur instrumentell war. Klischees gab es dabei zuhauf. Sie dienten der eigenen Rechts-links-oben-unten-vorne-hinten-Orientierung und darin auch der Abwehr von der eigenen Unsicherheit und Orientierungslosigkeit. Klischees sind immer ungeeignet, differenzierte Realitäten zu erfassen. Wer sich auf eine neue Realität einläßt, verzichtet auf äußere Haltegriffe und ist auf das eigene Standvermögen angewiesen. Die Schwierigkeiten des deutsch-deutschen Frauendialogs sind nicht zuletzt Ausdruck der gewaltigen Umbrüche, in die wir alle geraten sind, die unser persönliches Leben tief berühren. »Das Private ist politisch.« Die Gültigkeit dieser Parole der Frauenbewegung erleben Frauen auf eine ganz neue Weise. Sie sind unmittelbar berührt vom großen politischen Weltgeschehen, das die Frauenbewegung bislang gern von sich ferngehalten hat.

Vielleicht können Frauen sich jetzt gegenseitig akzeptieren, möglicherweise gar Empathie aufbringen – bei dem Schmerz, der Trauer, dem Jammern über Brüche und Verluste einerseits, dem Unmut über Störungen, Aufgehaltensein in eigenen Zielen und Schmälerung von mühsam eroberten Möglichkeiten andererseits. Frauen könnten sich nun gegenseitig befragen und sich miteinander und mit sich selbst auseinandersetzen. So könnten sie neu beginnen, ihre Lebensbedingungen im veränderten Deutschland mitzugestalten.

An einer Stelle droht jedoch der Dialog zu scheitern. Der Kern des Dissenses liegt darin, gegenseitig nicht anzuerkennen, in den jeweiligen Verhältnissen Positives erlebt zu haben, sei es Sicherheit (im Osten) oder Freiheit (im Westen), sei es Erobertes oder Gewährtes. Immer wieder gibt es Erschauern, wie der jeweilige Zustand der anderen Seite wohl auszuhalten gewesen sei. Das könnte eine Form von Konkurrenz sein, der die Frauen durch die deutsche Einheit verstärkt ausgesetzt sind. Wenn hier nicht genauer nachgefragt wird, droht der barbarische Kampf gegeneinander, wie er allenthalben in unverhüllter und brachialer Form auf der Tagesordnung steht. Verlusterfahrungen nachzuvollziehen erleichtert die Erkenntnis, daß in ihnen nicht nur die Gefahr eines Rückwärts, sondern auch die Chance zu einem Vorwärts liegen kann.

Deshalb sind die Analyse der Entwicklung und die Neuformulierung von emanzipatorischen Politikperspektiven dringend erforderlich, wenn Frauen andere Lebensvorstellungen verwirklichen wollen.

2

Es scheint wichtig, ein genaueres Verständnis von den beiden Patriarchaten in ihren Gemeinsamkeiten und Unterschieden zu gewinnen.

Was die gesellschaftlichen Strukturen betrifft, so gab es auf beiden Seiten der Mauer eine männliche Ober- und eine weibliche Unterklasse. Es gab beiderseits Frauenunterdrückung sowohl im Bereich der gesellschaftlichen Produktion als auch der Reproduktion, wenngleich sich die Art des gesellschaftlichen Vertrages über die Versorgung des einzelnen unterschied und zu unterschiedlichen Ausprägungen von Abhängigkeit führte. Frauen versuchten diese wiederum unterschiedlich für sich zu nutzen. In beiden Gesellschaftstypen mußten Frauen Berufs- und Familienarbeit in ausbeuterischen Verhältnissen leisten.

Beiderseits war »Familie« die Keimzelle des Staates, sollten die Mutterrolle und die Kontrolle über die Fortpflanzungsfähigkeit der Frau gewährleistet bleiben. Beide Male waren die ökonomischen und politischen Interessen der jeweils Herrschenden – Männer – das ausschlaggebende Kriterium für die je nach Bedarf »flexiblen« Rollen der Frau.

In der DDR gab es gesicherte »Sozialpartnerschaft« zwischen den Geschlechtern, war die extensive Ausbeutung der Frau relativ egalitär, der Konflikt der Frau zwischen Beruf und Familie entschärft. Sie konnte im Beruf »gleich« dem »Manne« sein und mußte in der Familie trotzdem die traditionelle Mutterrolle erfüllen. Sie hatte dennoch ein gespaltenes Sein auf – im Vergleich zum Westen – niedrigerem gesellschaftlichen Entwicklungsstand und bei autoritärem Ordnungssystem.

In der ehemaligen BRD gab es eine ausgebaute »Sozialpartnerschaft« zwischen Kapital und Arbeit, aber keine entsprechende zwischen den Geschlechtern.

Im Gegenteil wird hier die »Zentralachse« Geschlechterspaltung für ein Spaltungssystem und die Hierarchisierung insgesamt instrumentalisiert, funktional insbesondere für die hohe intensive Ausbeutung. Im Beruf konnte die Frau nicht mal wie ein »Mann« funktionieren, sie konnte aber auch in der Familie längst nicht mehr nur traditionelle Frau sein. Beides ließ sich nicht erträglich miteinander verbinden. Sie durfte nur »Mann« sein und war dann nicht mehr »Frau« oder nur »Frau« und dann abhängig und zurückgeblieben oder zerrissen. Zugleich erlaubten das höhere Wohlstandsniveau, die parlamentarische Demokratie und eine insgesamt breitere Vergesellschaftung relativ mehr Freiheiten und Selbstbestimmung, insofern bestimmte existentielle Unsicherheiten in Kauf genommen wurden.

Was das Verhältnis zwischen Staat, BürgerInnen und Geschlechtern betrifft, so zeigt sich in der Ex-DDR der Gegensatz zwischen Staat und BürgerInnen, zwischen Öffentlichkeit und Privatem als sehr groß. Der Staat hatte sowohl den Charakter des strafenden Vaters als auch der versorgenden Mutter, autoritäre Väterlichkeit und Mütterlichkeit setzte er nach seinem patriarchalen Ermessen ins Verhältnis zueinander. Dieses Verhältnis entspricht dem traditionellen Geschlechterverhältnis. Die BürgerInnen wurden gestraft und versorgt gemäß der für den Staat guten und schlechten Taten. Sie hatten aber auch, wie stets in einem autoritär-paternalistischen Hause, die offiziell verbotenen, inoffiziell bekannten eigenen Nischen. Wie sich das für einen Hofstaat gehört, soll das Heer der Untertanen möglichst gleich sein. Vor dem starken Gegensatz zwischen Staat und Bürgerschaft ist der Gegensatz zwischen den Geschlechtern relativ ausgeglichen. Das geschieht trotzdem nach patriarchalem Gesetz, das Zuteilungen gewährt und keine Rechte überläßt, jeweils spezifische Rollenzuschreibungen für männliche und weibliche Untertanen vorsieht und beide ihrer Aggressivität beraubt. Das mag der Hintergrund sein, weshalb es in der DDR weniger Geschlechterkampf gegeben zu haben scheint.

Das Verhältnis zwischen Staat, BürgerInnen und Geschlechtern in der BRD unterscheidet sich davon. Der Gegensatz zwischen Staat und BürgerInnen ist weniger groß, die Gesellschaft als Feld von Mitbestimmung ist dazwischengeschaltet und läßt den einzelnen mehr Freiräume. Die Unterschiede zwischen den einzelnen differenzieren sich damit auch ungleich mehr, Trennungen können schärfer sein. Das Private als Politisches ist durch größere Öffentlichkeit potentiell genauer erkennbar. Der Geschlechtergegensatz mit seinen Unterdrückungsmechanismen im Privaten kann weniger im verborgenen bleiben. Der Staat läßt den BürgerInnen mehr Auslauf, er überläßt sie aber auch im Positiven wie Negativen mehr sich selbst. Es gibt sowohl weniger paternalistische Väterlichkeit als auch Mütterlichkeit. Repression und Güte erteilt er dennoch nach seinem patriarchalen Ermessen. Den BürgerInnen werden aber nicht nur mehr Mündigkeit und Selbstverantwortung eingeräumt, sie haben bei Eigentätigkeit auch mehr Macht, ihre Interessen durchzusetzen.

3.

Wie es sich um zwei verschiedene Patriarchate handelte, so gibt es auch zwei verschiedene Frauenbewegungen. Der einen ist ihre bisherige »Arbeitsgrundlage« schon entzogen, der anderen »Arbeitsgrundlage« verändert sich erneut und weiterhin. Sie wird zur gemeinsamen Grundlage der Frauenbewegungen der Zukunft.

Die Ausgangsbedingungen der beiden waren zum Zeitpunkt der Vereinigung denkbar verschieden. Die westliche Frauenbewegung ist die ältere. In den siebziger und achtziger Jahren stark und kämpferisch, erzielte sie große politische und kulturelle Erfolge und steht jetzt einem konservativ gewendeten Zeitgeist gegenüber. Nachdem Staat und Gesellschaft einen Teil ihrer Anliegen in Form von Feminisierung, Frauenförderung und Gleichstellungspolitik aufgenommen hatten, vermochte sie es nicht, neue konkrete Projekte zu initieren, mit denen weitergehende alternative Vorstellungen durchzusetzen gewesen wären. In dem Maße, wie von unten kein »Holz ins Feuer« nachgelegt werden konnte, wurde in der etablierten Politik das Gleichstellungsverlangen auf gerechte Verteilung in ungerechten Verhältnissen verkürzt und vom allgemeinen Emanzipationsverlangen abgetrennt. Die Impulse der Frauenbewegung wurden zur Modernisierung der herrschenden Verhältnisse instrumentalisiert. Die Frauenbewegung wurde integriert, ihre radikaleren Teile wurden abgespalten und gesellschaftlich an den Rand gedrängt. So sind die einst bewegten westdeutschen Frauen zum Teil erfahrener und selbstbewußter, zum Teil aber auch müde und angepaßt. Der utopische Überschuß, das Engagement für etwas, das die einzelne Frau und ihr unmittelbares Leben überschreitet, war verlorengegangen. Die Utopie aber ist es, die gesellschaftliche Verhältnisse in Bewegung zu setzen vermag. Übrig geblieben ist bei vielen Frauen nur die Sorge um das persönliche Vorankommen, sei es die große oder kleine Karriere. Der Anspruch auf grundsätzliche Veränderungen für Frauen war im besseren Falle auf eine berufliche Aufgabe zurückgestutzt, im schlechteren hieß es, sich von derartigem zu distanzieren. Der Rest der Frauen war den Überlebenszwängen, dem Kampf um Existenzsicherung ausgesetzt, vielleicht mit der Hoffnung auf später neu aufkeimende Initiativen. Die meisten widmeten ihre Kraft eher der Selbstpflege. Eine Minderheit wurde zu den oft wenig souveränen Hüterinnen der einstigen reinen Anliegen. Engagement ohne Selbstverzerrung war zur Gratwanderung geworden. Die Frauenbewegung jedenfalls blieb mehrheitlich im Subjektiven, Privaten, Braven stecken. Die einen jammerten, die anderen verteidigten tapfer die Anpassung als das einzig Wahre. Eigenverantwortung und Eigensinn ließen sich nur unter der Gefahr, sozial als nicht verkehrsfähig zu gelten, behaupten. Wundert es die West-Frauen, daß die Ost-Frauen von diesem Anblick nicht nur begeistert und angezogen waren?

Die östliche Frauenbewegung der Wende ist die erste Frauenbewegung der ehemaligen DDR. Erstmals schlossen sich Frauen autonom zusammen und formulierten feministische Perspektiven. Sie verbanden diese mit der Idee eines dritten Weges, einer sozialistisch-ökologischen Erneuerung ihrer Gesellschaft. Es sollte nun um reale Gleichstellung statt nur formale Gleichberechtigung gehen. Ebenso forderten die Frauen den sofortigen Zugriff auf staatliche Politik. Es war ein Aufbruch aus der Erstarrung und aus einem mehr und mehr belasteten Dasein, ein Handeln erstmals in der ersten Person und eine ungeahnte Selbsterfahrung. Aber weder die Inhalte dessen, womit gleichgestellt werden sollte, noch staatliches Handeln als patriarchales Handeln wurden schon in Frage gestellt. Die konsequent männliche Selbstbezeichnung der Frauen (»Ich bin Ingenieur«), die anscheinend unhinterfragte Akzeptanz der Mutterrolle, die Selbstverständlichkeit, mit der der Arbeitsplatz der Männer Vorrang hatte, dies drückte wohl aus, wie Frauen im Beruf den Männern angepaßt waren und zu Hause Mutter – Frau – blieben. Das sind Anzeichen einer inneren Schwäche der östlichen Frauenbewegung, ihrer mangelnden tiefen und breiten Verankerung unter den Frauen, die ursächlich für den schnellen Bedeutungsverlust östlicher Frauenbewegung ist. In der Kürze der Zeit ließen die Rahmenbedingungen schließlich nicht mehr zu, als daß eine Minderheit privilegierter Frauen und Alt-Oppositioneller Impulse setzte, die viele Frauen sofort verstanden.

Westdeutschland auf der einen Seite als Vorbild, die schulterklopfende Haltung vieler Ost-Männer bezüglich der »Gleichberechtigung der Frau« auf der anderen Seite, gelang es schnell, Forderungen nach Gleichstellungsstellen und der Vertretung in der Politik durchzusetzen. Damit aber war auch eine erste schnelle Befriedigung erfolgt.

Vor diesem Hintergrund mußte die östliche Frauenbewegung mit der deutschen Einheit und dem damit verbundenen Verlust der ursprünglichen Operationsbasis ihren Einfluß wieder verlieren. Damit hatten auch die gerade gewonnenen utopischen Vorstellungen ihren Sinn verloren. So blieb für viele anscheinend nur die nostalgische Flucht in die Vergangenheit, die Idealisierung der Ex-DDR-Verhältnisse oder des Moments der Wende, in der die eigenen Möglichkeiten gespürt, die eigene Reichweite aber auch überschätzt worden war. Kraft und Erfahrung, die über diese Brüche hinaus gereicht hätte, fehlten. Die Schwäche der Frauenbewegung im untergegangenen Realsozialismus rächte und potenzierte sich noch einmal im realen bundesdeutschen Kapitalismus.

Auf diesem Boden konnte die hierarchisierende und spaltende deutsche Vereinigungspolitik zu einer strukturellen Abkoppelung der Frauen in den neuen Bundesländern führen und zusammen mit der spezifischen relativen Schwäche der westlichen Frauenbewegung zu einer strukturellen Schlechterstellung aller Frauen im neuen Deutschland werden.

4.

Über die Gewinne und Verluste im Zuge der deutschen Einheit wäre nun beiderseits aus je eigener Sicht nüchtern Bilanz zu ziehen, um Konsequenzen für die weitere politische Einflußnahme zu schlußfolgern.

Mit der deutschen Einheit sind die materiellen Existenzbedingungen für Frauen erschwert, ihre Interessen werden erneut abgespalten, ihr Leben wird zerrissener und unsicherer. Das Machtverhältnis zwischen den Geschlechtern ist weitgehend von der Tagesordnung der politischen Auseinandersetzungen verschwunden.

Allenfalls wird Frauenpolitik noch bzw. wieder als Sozialpolitik behandelt. Die Grenzen zwischen Privatem und Politischem sind erhöht. Im Zusammenhang mit beidem ist die demokratische Fähigkeit der BRD-Gesellschaft geschwunden, Gewalt hat zugenommen, der Alltag ist in allen gesellschaftlichen Bereichen brutalisiert. Darauf wird mit autoritärem Ordnungsdenken reagiert nach dem Prinzip, daß Gewalt nur durch (Gegen-)Gewalt unter Kontrolle zu bringen sei. Das ist typisch für Machtdenken von oben und wird die Probleme letztlich verschärfen. Dabei ist der Maßstab nicht eine verharrende Haltung, sondern eine entwicklungs- und reformfähige feministische Grundhaltung. Diesem Verlust stehen jedoch bislang kaum genutzte Gewinne gegenüber. Das große Hemmnis für emanzipatorische Politik und somit für feministische Befreiung – die realsozialistische stalinistische Diktatur – hat den Geist aufgegeben. Die Hinterlassenschaft ist ein riesiges Trümmerfeld, für das emanzipatorische Politik aufgrund des eigenen Versagens Mitverantwortung übernehmen muß. Zusammen mit der Auseinandersetzung über die eigene Vergangenheit liegt darin eine Chance zum Neuanfang, der dennoch nie voraussetzungslos sein wird. Ferner kann der westliche Problembestand nicht mehr nach außen verlagert werden.

Damit ist das Schwarz-Weiß-Freund-Feind-Denken noch nicht als solches überwunden, aber doch Neu-Denken ein Stück weit eher möglich. Die Probleme liegen nun im eigenen Haus auf dem Tisch und können als Herausforderung an die eigene Entwicklung angenommen werden. Schließlich ist es ein Vorteil, die eigenen feministischen Vorstellungen durch ein Gegenüber, das ebenfalls nach einem Lebensgewinn für Frauen sucht, in Frage stellen zu lassen. Es besteht die Chance, der eigenen Karikatur gewahr zu werden und Dogmatisierungen oder Verzerrungen, die ein Kampf stets mit sich bringt, zu entspannen. Es bietet sich die Gelegenheit, die ganze Breite von Lebensmöglichkeiten für Frauen unter dem Vorzeichen der eigenen positiven Selbstgestaltung neu zu beleuchten.

Die allgegenwärtige tiefe gesellschaftliche Krise und die materielle Beengtheit machen es nicht wahrscheinlich, daß diese Chancen genutzt werden. Engagement und Lernfähigkeit der Frauenbewegung werden darüber entscheiden, ob eine autoritäre Formierung der BRD nach rechts unterbrochen und eine republikanisch-demokratische Entwicklung wieder aufgenommen wird.

Die Lebenswünsche und -bedürfnisse der Frauen, die sich in Ost und West kaum voneinander unterscheiden – Berufsorientierung, Kinder, Freunde, Karrierebewußtsein, Vereinbarkeit von Beruf und Familie –, bilden eine Grundlage, auf der sich ein gemeinsames politisches Projekt formulieren läßt.

5.

Über einige Fragen und Meinungen möchte ich mit der östlichen Frauenbewegung diskutieren und streiten.

Was veranlaßt manche Ost-Frau, die deutsche Einheit als *bloße* Okkupation, Vereinnahmung oder Kolonialisierung durch den Westen wahrzunehmen?

Wie immer der Zusammenbruch der DDR-Gesellschaft und die Instandsetzung der Einheit bewertet werden mögen, sie waren weder mit Gewalt verbunden, noch voraussetzungslos. Sie fand ihre Zustimmung durch die Mehrheit der DDR-Bevölkerung, so sehr sie dabei getäuscht worden ist und sich hat täuschen lassen.

Vorausgegangen waren nicht nur das Scheitern des realsozialistischen Gesellschaftsmodells, sondern auch aller sozialistischen und demokratischen Reformversuche. Notwendig und überfällig ist, auch das eigene Scheitern linker und alternativer Politik – einschließlich des Versagens der Frauen – wahrzunehmen. Dies ist zwar sehr unterschiedlich, aber keineswegs nur im Osten, sondern auch im Westen zu lokalisieren. Verantwortung gilt jeweils im eigenen Handlungsbereich. Erfahrungen von Gelingen können dem getrost gegenübergestellt werden. Das befreit von Schwarzweißbildern in der Rezeption gegenwärtiger Entwicklungen. Nur dann können die positiven zukünftigen Möglichkeiten erkannt werden. Umgekehrt kann niemand den strukturellen Verhältnissen entspringen, weil alle eingebunden und beteiligt sind. Frauenbewegungen aber können voneinander gegenseitige Unterstützung und Hilfe erwarten.

Was schreckt so viele Frauen vor einem streitbaren Verhältnis zu Männern? Die Männer der ehemaligen DDR mögen weniger Ellbogen gegen Frauen eingesetzt haben, weil es allemal weniger Entwicklungsmöglichkeit und damit weniger Konkurrenz gab und geschlechtsspezifische Rollen selbstverständlicher schienen. Das aber heißt nicht, daß Gesellschaft und Verhalten der Personen nicht patriarchal geeicht waren. Wenn die Tennung zwischen Privatem und Öffentlichem in besonders rigider Weise konstitutiv für die DDR war, Frauenunterdrückung dahinter besonders verborgen, so war sie dennoch da. Wenn aber beispielsweise nun viele Ost-Frauen – in der Haltung jovialer Mamis, die die Macht »heimlich« und »eigentlich« zu haben glauben – unter Kopfnicken der Männer meinen, Feminismus oder Quote nicht nötig zu haben, obwohl die Männer das Berufsfeld und die Politik auffällig dominant beherrschen, dann gilt es, sich dieser Art partriarchaler Bündelei zu erwehren. Dazu gehört umgekehrt der Streit über weibliche Tugenden und feministische »Abartigkeiten«, nicht zuletzt, da die Geschlechterrollen in einem hierarchischen Wechselverhältnis zueinander stehen.

Was schließlich verstehen Ost-Frauen unter Solidarität, die sie in der Ex-DDR zu haben und im Westen zu vermissen glauben? Das Verhältnis von Individualität (die vermeintlich gute Seite des alten Westen) und Solidarität (die vermeintlich gute Seite des alten Osten) wäre genauer in seinem Charakter zu beleuchten und für die Zukunft konkret unter emanzipatorischer Perspektive neu zu bestimmen. Spaltung und Individualisierung ermöglichen keine Entfaltung von Individualität. Seilschaften zur gegenseitigen vorteilhaften Absicherung von Lebensbedingungen als eine Form von Schattenökonomie sind noch keine Solidarität. Es wäre auch über das Verhältnis von Freiheit und Schutz, Individuum und Gruppe aus der Perspektive unserer Bedürfnisse zu reflektieren. Freiheit braucht ein minimales Maß an Schutz, erschöpft sich darin aber nicht und ist ohne Selbstverantwortung nicht denkbar.

6

Die Chance, in einem historischen und lebensgeschichtlichen Abschnitt neu oder wieder zu beginnen, gut und frei zu leben, ist vielleicht noch nicht ausgespielt. Noch suchen viele andere politische Antworten auf die Probleme von heute, es gibt ein Schwanken der Gesellschaft und viele Zeichen von Engagement. Es gärt an vielen Stellen gesellschaftlicher Basis. Existentiell nötig ist eine alternative Antwort auf die gegenwärtig vorherrschende Art menschlichen Zusammenlebens, in der der Mensch des Menschen und der Natur Feind zu sein scheint, einer den anderen frißt, der Stärkere den Schwächeren unterwirft.

Die Antwort auf die offene Gewalt und die Gefahren eines Rückfalls in die Barbarei kann nur darin liegen, große und kleine Gewaltverhältnisse, die sexistischen, rassistischen, ökologischen, die sozialen, politischen, militärischen, insgesamt in ihrem Kontext ins Visier zu nehmen – oder es wird nicht gehen.

Das ist die neue Variante einer alten Aussage: Emanzipation und Demokratie – eine Utopie als Handlungsmaßstab, Kraftquelle von Veränderung, Entwicklung und Humanität – als einziger Weg einer möglichen Fortentwicklung, die heute anderen Maßstäben als einst folgt.

Die Wut der Frauen kann dafür produktiv eingesetzt werden. Die Frauen sind keine kleinen Mädchen mehr. Selbstverantwortliches Einmischen ist an der Zeit. Politische Modelle zur Problemlösung sind aus der Perspektive von unten zu entwickeln, verbunden mit selbstverständlichem Recht einer/s jeden, ihr/sein Glück zu versuchen und nach oben zu kommen, aber ohne ein Leben auf Kosten anderer.

Gerade in den spiegelbildlich gespaltenen Lebenserfahrungen der Frauen aus Ost und West können sich die politischen Erfahrungen und Kämpfe der Frauen ergänzen. Es gibt eine neue Chance, den ganzen Lebenszusammenhang der Frau in seinem Unterdrückungskontext zum Gegenstand von umkehrender Veränderung zu machen und aus der Perspektive der unteren Gesellschaftsseite Leben und Arbeit für alle zu reformieren. Universell gleiche Rechte wird es dabei nur geben, wenn Differenzen in den heutigen Lebensweisen berücksichtigt, ausgeglichen und allseits ohne Diskriminierung gelebt werden können.

Die Frauenbewegung könnte nachdenken, welche politischen Projekte sich entwickeln lassen, die die Brüchigkeit partriarchaler Modelle offenlegen, die Frauen neu motivieren, für ihre Interessen zu kämpfen, und die konkrete selbstorganisierte Arbeits- und Lebensalternativen eröffnen. Dazu braucht die Frauenbewegung moderne Machtinstrumente auch in Form von Zusammenschlüssen und Organisationen – ein Feld, auf dem sie ihre alternative Fähigkeit erneut unter Beweis stellen müßte. Antiautoritäre, selbstbestimmte und demokratische Projekte und Machtinstrumente würden eine neue, gestärkte Frauenbewegung entstehen lassen.

Das Lächeln der alten Mädchen

Unsere Bücher sind wie unsere Kinder. Wir setzen sie in die Welt. Wie sie sich in ihr durchsetzen, können wir nur noch bedingt beeinflussen. Wir haben ihnen mitgegeben, was wir konnten, nun müssen sie sich bewähren. Wie aber, wenn die Situation, in die wir hineingeschrieben, aus der wir herausgeschrieben haben, plötzlich eine andere wird? Ich weiß nicht, wie vielen DDR-Schriftstellern es so gegangen ist, daß sie ein angefangenes Buch auf dem Schreibtisch hatten und nach dem Herbst 1989 nicht mehr sicher waren, ob es noch in die Welt paßte.

Der Roman »Die Liebe der Männer« war für DDR-Leserinnen und DDR-Leser gedacht, ich schrieb ihn aus dem Gefühl, eine emanzipierte Frau zu sein, war meiner Ideale und Erfahrungen sicher, wollte Männern und Frauen über die Liebe erzählen, die jeder sucht und viele finden, wieder verlieren und – vielleicht – noch einmal finden. Um die Glücksfähigkeit beider Geschlechter ging es mir, um Partnerschaft, die Wachstum und Reife ermöglicht, um den Platz Seite an Seite in unserer Gesellschaft, die ich bei allen erkennbaren Mängeln für das Beste hielt, was die Deutschen an Staat bisher zustande gebracht hatten.

»Wie konnten Sie das glauben?« fragten mich kürzlich dänische Deutschlehrer, die um eine Begegnung mit einer ostdeutschen Schriftstellerin gebeten hatten.

»Dieser Staat ist doch von den Russen gegründet worden.«

»Wilhelm Pieck war zwar in russischer Emigration«, entgegnete ich, »aber er war kein Russe. Otto Grotewohl auch nicht, und die vielen Männer und Frauen, die aus dem KZ, aus dem Zuchthaus oder aus einem anderen Land zurückgekehrt waren und einen antifaschistischen Arbeiterstaat aufbauen wollten, fühlten sich in besten deutschen Nationaltraditionen.« Ich bekannte, daß auch ich an diese dritte deutsche Republik geglaubt habe, die der zweiten auf dem Fuße gefolgt war, gedacht als humanistische Alternative zu allem Vorher-

gegangenen, also auch tauglich für einen neuen Reifegrad in den Beziehungen der Geschlechter. Mit meinem Buch wollte ich den Männern sagen: Ihr seid das schwächere Geschlecht, aber wir brauchen
euch. Und den Frauen dachte ich zu raten, nutzt es nicht aus, daß ihr
die Stärkeren seid, sonst werdet ihr nicht glücklich. Seid gut zu den
Männern, auch wenn sie es nicht alle verdienen. Wir brauchen sie
doch.

Man sieht, was man sehen will. Ich sah eine Generation von jungen Eheleuten nachwachsen, bei denen die Gleichberechtigung
selbstverständlich schien. Väter gingen mit Kindern um wie Mütter.
Manche nahmen anstelle ihrer Frau das Babyjahr. Sie kamen nicht
auf die Idee, daß es unmännlich wäre, Kinderwagen zu schieben,
Säuglinge zu windeln, ihnen die Flasche zu geben. Sie hätten, wenn
sie gekonnt hätten, auch die Brust gegeben. Ich beobachtete eine Arbeitsteilung, in der die Frauen Freiheiten hatten, von denen ihre
Mütter und Großmütter nur träumen konnten. Endlich schien eine
Zeit gekommen, in der auch Männer ein weiches Herz zeigen durf-
ten und nicht immer den strammen Max markieren mußten. Ich
fand, daß manche der gutmütigen Kindesväter ausgenutzt wurden,
mißachtet ob ihrer Weichheit. Selbstbewußte junge Mütter gingen
im Babyjahr fremd, gerade in dieser Zeit, weil sie sich zu Hause
langweilten. Sie waren es nicht gewohnt, sich auf Hausfrauen- und
Mutterpflichten zu beschränken. Es war oft eine Krisenzeit für junge
Eheleute, und bei vielen Scheidungen waren Frauen die treibende
Kraft. Sie hatten keine Angst, allein zu bleiben, sie wußten sich auf-
gehoben in einem Sozialstaat, der sie und ihre Kinder nicht verkom-
men lassen würde. Der Jahrhundertschritt, den Mattheuer gemalt
hat, ein kraftvoll ausschreitendes Männerbein – für mich war es vor
allem ein weiblicher Schritt voller Selbstvertrauen in eine Zukunft,
die schon begonnen hatte.

Dann aber wankte der Boden unter unseren Füßen, das Staatsge-
bäude stürzte in sich zusammen und begrub unter seinen Trümmern
nicht nur, was begrabenswert war, sondern auch, was sich bewährt
hatte und zu schönen Hoffnungen berechtigte – besonders die Le-
bens-Chancen der Frauen. Und denen sage ich, seid gut zu den Männern? Ausgerechnet denen? Es gibt starke, ja, machtausübende Frau-
en, aber es ist eine Männergesellschaft, eine männlich dominierte

Welt, in der wir uns heute befinden, auch die DDR war Teil dieser Welt, wenn ich nur an die Politbürofotos denke, die Bilder von Staatsempfängen, da waren sie fast unter sich, die Herren in den dunklen Anzügen, die Hände vor dem Geschlecht wie Arturo Ui. Das schien mir damals ein bißchen lächerlich, aber ich ging davon aus, daß sich die Frauen letztlich durchzusetzen wüßten, da die Gesetze auf ihrer Seite und sie von Natur aus das stärkere Geschlecht waren. Doch es ist anders gekommen.

In der Gesellschaft von heute sind sie mehr denn je zur Schwäche verurteilt. Sie müssen sich wieder vorschreiben lassen, Babys zu kriegen, ob sie wollen oder nicht. Dabei sind Kinder ein Handicap in der Marktwirtschaft: Sie rechnen sich nicht. Die meisten Arbeitslosen sind weiblich, die Karriere hängt davon ab, ob eine Frau fruchtbar oder unfruchtbar ist. Jahrhundertschritt rückwärts.

In dieser Landschaft nun ein Buch, das von überholten Bildern ausgeht, trotzig zu Ende geschrieben in einem Seelenzustand, der dem Tode näher schien als dem Leben. Es erzählt vom Tod, vom Sterben eines geliebten Menschen, ohne den die zurückbleibende Frau sich wie amputiert fühlt. Sie tröstet sich mit anderen Männern, und nach jedem Abenteuer wird schmerzhafter spürbar: Der Gestorbene ist unersetzlich, unerreichbar. Die Gedanken über den Tod, die mir bei dieser Geschichte gekommen sind, hätten eine andere Richtung genommen, wäre nicht zu allem persönlichen Unglück die gesellschaftliche Katastrophe gekommen, das Sterben der DDR, die der Lebensrahmen meiner Heldin wie mein eigener war. So wurde aus dem individuellen ein Gesellschaftsschicksal, aus dem Phantomschmerz um einen verlorenen Menschen der Phantomschmerz um ein verlorenes Land. Vielleicht hat das Buch deshalb so warmherzige Aufnahme gefunden, besonders bei Frauen, weil es sie über sich nachdenken läßt. Früher, auf dem hohen Roß einer relativ glücklichen Frau, habe ich das Wort Schicksal abgelehnt. Es schien mir nicht akzeptabel, daß es etwas gäbe, worauf wir überhaupt keinen Einfluß nehmen könnten. Aber Verluste belehren.

Ich habe begreifen müssen, daß die Vorstellung, jeder sei seines Glückes Schmied, eine Wunschvorstellung war. Die gekoppelt wurde mit einer Politik, die jeden und jede zum Glück zwingen wollte, indem eben alle zu bleiben hatten in dem Land, das ihnen als Ideal verordnet war. In Wahrheit hing und hängt der Hammer über unseren Köpfen, heute in den Händen derer, die mit Geld die Welt regieren und unser mehr und mehr verkommenes, weil schlecht regiertes Land schließlich da hatten, wo es ihrer Meinung nach schon vor mehr als 40 Jahren hingehört hatte: auf dem Müllhaufen der Geschichte. Wir Ex-Frauen, aber auch die Ex-Männer der Ex-DDR sitzen nun auf der Armesünderbank, und es bringt nichts ein, wenn das eine Geschlecht die Schuld auf das andere schiebt. Wir sind alle miteinander Altlasten, wir verantworten Altschulden, die Sieger haben sich mit uns, ob Männlein oder Weiblein, eine Rute über den Hintern gebunden. Die Einheit macht ihnen nur Scherereien, während sie uns beschert, was wir nicht verdient haben. Nun ja, Schicksal eben, von vielen gewollt in freier Wahl, von anderen nicht gewollt.

Von der Frau in meinem Buch nicht gewollt.

Ich habe Protest geerntet. Nicht von den Frauen, obwohl sie ja nun nicht mehr dieselben sind, die ich vor Augen hatte. Nein, von Männern. Sie guckt uns in die Unterhosen, hat ein Kritiker geschrieben, sie ist pornographisch. Was haben Männer plötzlich gegen Pornographie? In einem Land, das schon Kleinkindern an Zeitungskiosken nackte Titten zeigt und auf dem Bildschirm ohne Unterlaß ächzend Koitierende vorführt? Wenn Männer so etwas schreiben, sagte meine kluge junge Lektorin, ist es Weltliteratur, tun es Frauen, ist es Pornographie. Plötzlich und unerwartet geriet ich in den neu aufgeflammten Geschlechterkrieg und wußte nicht, wie mir geschah. Konnte ich mich mit diesem Buch überhaupt noch unter die Leute wagen? Die Prüden und Verklemmten waren nicht mein Problem. Aber ich hatte in einem Kapitel geradezu lustvoll eine leitende Provinzdame in Thüringen beschrieben, die ihre Macht besonders im Umgang mit Männern schamlos mißbrauchte, Ina Brömsel, die einem zartbesaiteten Elektronik-Ingenieur die Gewerbegenehmigung für einen geerbten Laden verweigert. Sie maßt sich an, über sein Schicksal zu entscheiden und über die Ersatzteilbedürfnisse der Bevölkerung, die den Bastlerladen wollen. Ja, das waren damals Probleme für uns, Handel und Versorgung, der willkürliche Umgang mit den Privaten, und ich gab noch eins drauf, indem ich eine Emanze auf den entscheidenden Stuhl im Rathaus setzte. Warum eigentlich? Weil ich diesen Frauentyp kannte und schrecklich fand. Sie schienen mir die Vorurteile gegen Frauen in Machtpositionen zu bedienen. In der Tat ist dieses Kapitel des Buches das einzige, das auch den Männern Spaß macht. Über Ina Brömsel, den Gallenstein des örtlichen Bürgermeisters, amüsiert sich das schwache Geschlecht köstlich, und es fühlt sich verstanden. In Westdeutschland habe ich mich bisher gehütet, diese Passagen vorzulesen.

Der Wegfall der Grenzen, den ich 28 Jahre lang für unmöglich gehalten hatte, weil ich Kriegsgefahren befürchtete, öffnete mir Blick und Weg nach Westen. Ich war nie so beschränkt anzunehmen, dort gäbe es für uns Ost-Frauen keine verständnisvollen Partnerinnen. Aber das Denken ist das eine, das Erleben etwas anderes. Es stellte sich heraus, die Frauen in den alten Bundesländern empfinden trotz 40 Jahren gänzlich anders verlaufener Geschichte in vielem so wie wir, wie meine Heldin. Ich las in München, in Wiesbaden, Bremen und Hamburg. Veranstalterin war die Frauen-An-Stiftung, die DDR-Schriftstellerinnen eingeladen hatte. Zum Kennenlernen, zum Problemvergleich, zur literarischen Begegnung bis hin zum schwesterlichen Miteinander. Folglich waren es nur wenige Männer, die zuhörten, und wenn, dann mit distanzierten Mienen und bemühter Toleranz. Die Frauen aber horchten auf, als spürten sie etwas von dem Jahrhundertschritt, den ihre Schwestern im Osten für eine Zeit im Leibe hatten.

Es waren oft abgespannte, überarbeitete, von Männern im Stich gelassene, aus Erfahrung feministisch-aggressive Weibsbilder, denen mein »Seid gut zu den Männern« nur ein müdes Lächeln entlockte, aber sie lächelten. Sie fühlten wohl, daß sich hier eine geirrt hatte, aber daß der Irrtum verlockend gewesen sein muß, da er einer schönen Utopie entsprang. Es lebt sich besser mit Utopien, sie gehören zum Menschsein, geben dem Handeln eine Richtung, die nicht nur im eigenen Ego liegt.

Wir redeten darüber. Sie fanden in dem Buch der Fremden, die ich für sie war, wie in einer Konserve etwas aufbewahrt von einem untergegangenen Kontinent, ein Stück Sehnsucht, ein Stück Hoffnung, eine schmerzhafte und doch notwendige Erfahrung. So verstanden sie besser, wer wir gewesen sind und was wir doch einzubringen haben in die deutsche Einheit. Die Stärke der Frauen gegen die Schwäche der Männer, das Erleben, wenigstens schon einmal den

Fuß gehoben zu haben für den Schritt in die Zukunft und auch für den Tritt in Ärsche.

Je mehr Zeit ins Land geht, ins vereinigte deutsche Land, desto wichtiger ist es, etwas festzuhalten gegen das Vergessen, darauf zu beharren, daß da etwas war, ein Versuch, ein neuer Ansatz, eine Anmaßung in den Augen derer, die im Westen nichts Neues wollten und auch nicht im Osten. Nun, da wieder alles beim alten ist, soll auch die Erinnerung an das Experiment verschwinden. Es ist mißglückt, es ist jammervoll danebengegangen, wie kann es jemals Daseinsberechtigung besessen haben? Die Frauen scheinen mir mehr darauf zu beharren, daß nicht alles von Übel war, da sie nun in alte Rollen zurückgedrängt werden. Aber die Männer sind ja auch übel dran. Nun müssen sie wieder Machos sein, Mann-oh-Mann. Sie müssen Muskeln spielen und sich in die Hose gucken lassen, beileibe nicht nur von Schriftstellerinnen, sondern öffentlich von ganzen Weiberscharen hinter Kameras und vor Bildschirmen, was eine Frauenherrlichkeit vorführt, die es in Wahrheit gar nicht gibt. Ihre Sache soll wieder der Krieg sein, der immer der Vater, nie die Mutter aller Dinge hieß. Sie sollen wieder brüllen, nicht zärtlich flüstern, wieder schlagen, nicht streicheln, Potenzpillen fressen und ständig Steher sein. Der zartbesaitete Gemütsmensch, den ich in der Einführung zu meinem Roman beschrieb, ja, den ich warnte, nicht allzusehr dem traditionellen Männerbild unähnlich zu sein, um nicht verachtet zu werden – wo ist er geblieben?

Ich schrieb über Professoren, die Einkaufs- und Kinderwagen schoben, über Uniformierte, die mit Einkaufsbeuteln herumliefen, über Jungs, die mit Regenschirmen zur Schule gingen, über ihre Unlust, Stahlhüte zu tragen, und den Vorzug, den sie weichen Hüten und verknautschten Mützen gaben, das müssen wohl Wesen von einem anderen Stern gewesen sein.

Schlappe Säcke sehe ich haufenweise, mit dem Leben unzufriedene Kerle, die sich aber immer noch und nun wieder aufs neue besser dünken als die Frauen. Die gehören wieder in die Küche und zu den Kindern, der Mann muß hinaus ins feindliche Leben, da hat er genug zu tun, da braucht er zu Hause seine Ruhe und angewärmte Schuhe. Das ist die alte deutsche Ordnung, die wir Ost-Frauen mühsam wieder lernen müssen, sofern wir keinen Arbeitslosen zum Mann haben, und welcher wäre das zu wünschen? Arbeitslose Männer sind nicht automatisch fortschrittliche Männer, sondern fallen eher in alle maskulinen Übel zurück, zum Beispiel ins Saufen.

Neulich klingelte mein Telefon, und die Stimme einer alten Frau war zu vernehmen. Sie habe, so sagte die Unbekannte, das Buch »Die Liebe der Männer« in der Bibliothek gefunden und bis in die Nacht hinein gelesen. Es sei ihr ein Bedürfnis, mit mir darüber zu sprechen, denn sie habe sich selbst in der Geschichte wiedergefunden. Auch ihr Mann sei tot wie der meiner Romanheldin, sie sei seit dem Kriegsende Witwe und habe nicht gelebt wie die Regina im Buch, aber sie verstehe diese Frau, sie habe sich amüsiert über deren Amouren, deren weibliche Courage, sie werde das Buch ihrer Tochter geben, die sei fünfzig und auch ohne Mann. »War es Ihnen nicht zu unanständig?« fragte ich, denn die Leserin hatte mir ihr Alter gesagt: 79 Jahre. »Aber woher denn?« Sie lachte. Und dieses Lachen rief mir Lesungen in Erinnerung, bei denen ich anfangs besorgt in viele ältere Frauengesichter geblickt hatte. Werden sie nicht protestieren? Sie kommen aus einer anderen Erziehungswelt, sind oft prüde aufgewachsen. Aber nein, gerade die alten Mädchen amüsieren sich und kichern vor sich hin, wenn sich wieder mal ein Liebhaber als Eintagsfliege erweist und Regina schließlich ihrer Freundin recht geben muß: Ich habe immer eine Schulter gesucht, und gefunden habe ich nur einen Schwanz. Männliche Rezensenten haben das Buch verrissen. Einer unterstellte mir, ich hätte obszöne Szenen hineingebaut, um mich auf dem Buchmarkt besser zu verkaufen.

Weibliche Leser lachen darüber, die jungen und zu meiner Überraschung auch die alten.

Denen ist das Leben eine Menge schuldig geblieben. Sie sind darüber nicht sauertöpfisch geworden, sondern haben sich ihre Mädchenseele bewahrt. Diese Frauengeneration, deren Liebe vom Krieg gefressen wurde, mußte viel zu schnell auf weibliche Lüste verzichten. Sie haben alles, was sie waren und konnten, für ihre Kinder gegeben, das eigene Glück hintangestellt, einen Mann, der anklopfte, nicht eingelassen, weil der Sohn, die Tochter das als Verrat am toten Vater hätten ansehen können.

Eines Tages war es dann zu spät, Tochter und Sohn hatten ihre Partner gefunden, und die Mutter blieb allein zurück. Diesen Frauen begegne ich bei Lesungen. Sie haben gelernt, Einsamkeit mit Büchern zu ertragen, sich lesend mit dem Leben auseinanderzusetzen, ihre Wahrheiten mit denen der Bücher zu vergleichen, Neues anzunehmen. Es läßt sich wunderbar reden mit diesen Frauen, sie sind es, die der DDR den Ehrennamen Leseland eingebracht haben, und sie sind es auch heute wieder, die dem Buch einen Platz auf ihrem Nachttisch einräumen, neben den Schlaftabletten und dem Fernbedienungsteil des Fernsehers.

Anfangs schien es, als würde die neue Zeit unseren Büchern nur noch einen einzigen Platz einräumen: den Müllplatz. Ich habe trotzdem weiter geschrieben, nicht wissend, wer uns druckt, nicht ahnend, wer uns liest. Ein Schriftstellerkollege sagte deprimiert: Sieh dir nur einmal die Buchabteilungen in den Kaufhäusern an. Es gibt schon alles, was sollen wir da noch schreiben? Ja, es gibt vieles, sehr vieles, Gutes und Schönes, Schlimmes und Lächerliches, Kluges und Dummes.

Aber das, was ich schreiben kann, kann kein anderer, keine andere, sagte ich mir und ihm und machte weiter. Er nicht. Er zog sich aufs Altenteil zurück. Schwaches Geschlecht. Die Frauen unter den DDR-Schriftstellern, ich glaube, die Frauen machen weiter. Einige Männer auch, Strittmatter zum Beispiel, und er erlebt noch einmal ein Comeback, das mich von Herzen froh macht, denn es zeigt Besinnung heimatlos Gewordener auf das, was ihnen einmal lieb und wert war, auf die Begegnung mit der eigenen Geschichte.

Männer haben offenbar Angst vor dieser Wiederbegegnung, sie wollen vernünftig sein, sich vor Nostalgie hüten, wollen Phantomschmerz vermeiden, denn sie ertragen Schmerzen schlechter als Frauen. Sie entspannen sich beim Fußball. Da ist der Mann noch Mann. Da springen sie mit eregierter Faust über den zertrampelten Rasen, weil ihr Ball ins Tor getroffen hat wie in ein weibliches Organ. Und die Männerchöre auf den Rängen! Nirgends geht der Mann so aus sich heraus wie beim Fußball. Das braucht er zur Entschlackung der Seele, zum Streßabbau. Frauen lesen lieber. Beim Lesen sind sie bei sich. Sie folgen den Einladungen in Bibliotheken und Klubs, darin unterscheidet sich Ost nicht von West. Immer sind es weitaus mehr Frauen, die uns gegenübersitzen, nur ab und zu ein Mann dazwischen, meist ein höflich mitgegangener, der Heimweg ist dunkel, der

Beschützer ist gefragt. Keine schlechte Rolle für einen Mann. Die meisten alten Mädchen kommen allein. Und sie fürchten sich nicht. Sie denken nicht daran, das Weite zu suchen, sie suchen die Nähe, fühlen sich ganz tief in unsere Geschichten ein, hören uns zu, wie sie ihren Töchtern zugehört haben, und manchmal belehren sie uns, geben Ratschläge, kritisieren, denn sie fühlen sich immer auch verantwortlich für andere, ob für die Buchhelden oder die Autoren. Sie äußern Wünsche für weitere Bücher, bieten das eigene gelebte Leben an. »Wenn ich nur Zeit hätte, ich könnte auch einen Roman schreiben.« Ja, jedes Leben ist ein Roman. Es muß nur herausgehoben werden wie eine Gestalt aus dem ungeformten Stein, den der Bildhauer bearbeitet. Unser Material aber ist nicht der Stein, sondern der warme lebendige Stoff menschlicher Schicksale. Gerade die heutige Zeit mit ihren Wandlungen, Umbrüchen und neu entstandenen Fragen, die auf die scheinbar ewigen Wahrheiten gefolgt sind, ist reich an Stoffen für Bücher. Denn um unsere Geschichte zu verstehen, müssen wir sie uns und anderen noch einmal ins Bewußtsein rufen, sie auf neue Art deuten, um nicht geschichtslos zu werden.

Ich habe nun Lesungen in Ost und West, in Mecklenburg und Bayern, in Schleswig-Holstein und Sachsen-Anhalt, und meist sind es Frauen, die diese Begegnungen zustande bringen, im Osten wie im Westen. Sie gefallen mir, diese Zusammenkünfte in bekannten und unbekannten Gegenden, dieses bohrende Fragen nach dem Wie und Warum, das an die Stelle von Verkündigungen tritt, dieses gemeinsame Suchen nach Wegen aus dem Absturzkrater. Frauen vermögen sich tiefer einzufühlen in die Lage derer, die eine Zukunftsvision hatten, aber keine mehr besitzen. Auch ich werde mich hüten, noch einmal Prognosen zu wagen. Ich habe statt dessen einen geschärften Gegenwartssinn. Der Sozialismus oder das, was wir dafür hielten, hat sich viele Sympathien verscherzt, weil er die Menschen vor allem auf das Morgen verwies. Mein Vater, ein Kraftfahrer, sagte einmal zu mir: »Sozialismus ist prima für die Zukunft. Ich lebe jetzt. Wenn ich im Westen wäre, hätte ich ´ne Tankstelle.« Er ist seit 25 Jahren tot. Von wem kann man ein Leben lang verlangen, sich in der Gegenwart zu bescheiden, um eines gepriesenen, aber nicht bewiesenen Morgen willen? Wir müssen uns heute fragen lassen, was wir gestern geglaubt und getan haben und warum. Ich versuche darauf mit Büchern zu antworten. Seit ich weiß, wer mir zuhört, zum Beispiel die alten Mädchen, die ihr Lächeln zu bewahren verstehen und bei jeder Lesung von mir wissen wollen, was denn unsere Schriftsteller und Schriftstellerinnen heute so machen, weiß ich auch wieder, daß wir gebraucht werden, daß es noch Sinn hat, Bücher in die Welt zu setzen wie Kinder. Denn es sind Mütter da, die sie zum Laufen bringen. Väter auch. Aber vor allem Mütter.

UTA MEIER (OST/WEST)

Die Allzuständigkeit der Frau für die Familienarbeit in Ost und West

Vorbemerkung

Seit meinem illegalen Abgang aus der Noch-DDR, wenige Wochen vor der Wende, lebe ich in München. In jenen ersten Oktobertagen des Jahres 1989 war es für mich unvorstellbar, daß die gesamte DDR-sozialisierte Bevölkerung den von mir nach qualvoller Auseinandersetzung immerhin freiwillig gewählten Weg gezwungenermaßen gehen würde.

Für die 16 Millionen ostdeutscher BürgerInnen wie für mich bedeutet(e) die Konfrontation mit dem plötzlich übermächtigen Westen einen biographischen Bruch, der verbunden war mit der ambivalenten Verarbeitung von DDR-Erfahrungen.

Dennoch gibt es beachtliche Unterschiede zwischen den im Osten Gebliebenen und solchen wie mir, die in etablierte Strukturen des Westens eintauchten.

Im Osten gilt es, den allumfassenden Transformationsprozeß auszuhalten, mitzugestalten und dabei zu erleben, daß kaum etwas von – im Vergleich mit kapitalistischen Gesellschaftsstrukturen – Bewahrenswertem bleibt.

In gewisser Hinsicht hatte ich es leichter. Ich konnte mich in gewachsene gesellschaftliche Bezüge integrieren, dazu in einer prosperierenden Wirtschaftsregion. Nach kurzer Arbeitslosigkeit bekam ich eine – zunächst auf acht Monate befristete – Projektstelle in einem renommierten Forschungsinstitut. Dort arbeite ich bis heute. Regelmäßiges Einkommen, aufgeklärte KollegInnen und neue FreundInnen ermöglichten mir, mich in das Leben der süddeutschen Hochglanzmetropole einzuüben – und inzwischen fühle ich mich ganz heimisch.

Doch was heißt das schon?

Trotz der günstigen Rahmenbedingungen war so vieles so anders.

Nicht nur der Umgang mit Behörden, die Steuererklärung, Wohnungssuche.

Bedeutungsvoller sind die biographischen und kulturellen Unterschiede von Frauen in Ost und West.

Ich erinnere mich an die Begeisterung meiner späteren Münchner Kolleginnen, als sie im November 89 im Fernsehen erstmals die selbstbewußten, redegewandten DDR-Frauen erlebten. Mein Einwand, das Emanzipationsverständnis der Avantgardistinnen sei nicht auf alle DDR-Frauen zu verallgemeinern, wurde damals überhört.

Der ersten Euphorie folgten Begegnungen auf Tagungen und Kongressen, die bald Beklommenheit auslösten. Zunächst glaubten Ost- und West-Frauen, von den gleichen Problemen in der gleichen Sprache zu sprechen. Welche Illusion! Ihre Worte bedeuteten nicht dasselbe. Begriffe wie »Emanzipation« oder »Vereinbarkeit von Beruf und Familie« assoziierten sie mit unterschiedlichen Inhalten. Jedoch wurde dies erst allmählich deutlich.

Die West-Frauen fanden die Situation zunächst ungeheuer spannend und redeten von »Frauenpower«. Auf die Ost-Frauen wirkte diese Ausdrucksweise maniriert. Sie betonten, daß sie von Beruf »Maschinist« oder »Erzieher« seien und sich mit ihren Männern emanzipieren wollen. Die Schwestern aus dem Westen waren zutiefst irritiert. Sie gaben Ratschläge zur totalen Verweigerung gegenüber patriarchalen Strukturen und boten Nachhilfe in Frauenbewegungsfragen an.

Die DDR-Frauen fühlten sich unverstanden. Das Interesse aneinander sank. Achselzucken bei den West-Frauen und das heimliche Bekenntnis, daß ihnen italienische und amerikanische Frauen näher seien. Bald hatten sich die Vorurteile von der »männerhörigen DDR-Mutti« und den »West-Emanzen« als Barrieren im Kopf festgesetzt.

Andererseits erfuhr ich in den Folgemonaten auch, daß Frauen in Arbeitszusammenhängen wagten, sich auf die jeweils andersartige Sozialisation und Sichtweise einzulassen. Die konkrete Zusammenarbeit ist weitaus wichtiger als gelegentliche Stippvisiten. Dennoch sollten wir uns im klaren darüber sein, daß der Prozeß des Zusammenwachsens langsam, kompliziert und widersprüchlich verlaufen wird.

Mit den vierzigjährigen unterschiedlichen Lebensverläufen muß sich ernsthaft auseinandergesetzt werden. Dazu gehört die DDR-Fristenregelung gleichermaßen wie der West-Paragraph 218.

Was mich in dieser Bundesrepublik wirklich empört, ist, daß auch selbstbewußte Frauen, sobald sie ein Kind gebären, vom Rabenmuttersyndrom befallen werden. Denn die Mütterideologie, die die Klein- und Vorschulkindbetreuung ausschließlich den Müttern überantwortet, wird durch Defizite in der außerhäuslichen Tagesbetreuung strukturell festgeschrieben. Die Strukturmängel für Frauen und Kinder sind im Westen politisch begründet und drohen nun massiv auf den Osten übertragen zu werden. Es ist ein Skandal, den Rechtsanspruch auf einen Kindergartenplatz ab 1996 im Schwangeren- und Familienhilfegesetz festzuschreiben und schon heute zu wissen, daß die finanzielle Situation der Kommunen die Durchsetzung diesen Anspruchs verhindern wird.

Angesichts dieser Entwicklung ist dringend erforderlich, das Wissen um den Alltag von DDR-Frauen und die Ansprüche der bundesdeutschen Frauenbewegung zusammenzuführen und zu vergleichen. Nur so können frauenpolitische Strategien entworfen werden, die wirkungsvoll sind und gründlich mit der Illusion aufräumen: »die Frauenemanzipation sei schon wer weiß wie weit fortgeschritten.«[1]

Ich hoffe, daß der nachfolgende Vergleich der Familienverhältnisse in Ost und West dazu beitragen kann.

Noch vor einem Jahr gab es viele Zeitgenossen, die die Ost-West-Unterschiede in der familialen Lebenswelt im Vergleich zu den wirtschaftlichen und politischen Veränderungen für gering und schnell überwindbar angenommen hatten. Für Deutschland-Ost wie für -West wiesen einschlägige Statistiken die für Industriegesellschaften typischen Entwicklungslinien auf:

– rückläufige Geburtenrate, trotz vielfältiger familienpolitischer Steuerungsversuche;

– eine wachsende Zahl von Ein-Kind-Familien;

– Anstieg von Ein-Eltern-Familien, einerseits als Lebensform jenseits »kernfamilialer Normalität«, andererseits als Folge wachsender Scheidungsraten.

Hier wie dort hat die Familie einen hohen Stellenwert in der persönlichen Lebensplanung, Ehen werden aus ähnlichen Gründen geschlossen. Familien sind Konsumeinheiten, Freizeitort und Sozialisationsagentur für Kinder.

Schließlich wurde in den letzten 20 Jahren deutlich, daß berufstätige Mütter *die* Probleme der Vereinbarkeit von Beruf und Familie hatten, da ihnen – in Ost wie in West – die Allzuständigkeit für Haushalt, Kinder und Familienklima zugeschrieben wurde.

Diese Ähnlichkeiten sind jedoch nur die halbe Wahrheit. Die andere, bisher zu wenig beachtete Seite sind die Differenzen zwischen Ost und West. Sie sind die Ursache für die Schwierigkeiten bei der Überwindung andersartiger Entwicklungsverläufe.

Wenn es noch eines Beweises bedarf, wie stark sich gesellschaftliche Veränderungen auf die Familienverhältnisse auswirken, so können wir das an der Herstellung der deutschen Einheit studieren. Familien in Ostdeutschland wird eine Anpassung an westdeutsche Muster abverlangt. Demgegenüber ändert sich in den Familienverhältnissen der Alt-Bundesländer relativ wenig. Deshalb wird mein Beitrag etwas ostlastig sein.

1. Zur Einkommenssituation

1982 wurde am Institut für Soziologie und Sozialpolitik der Akademie der Wissenschaften der DDR erstmals eine Repräsentativerhebung zur Lebensweise von Familien in Auftrag gegeben. Bei einer Paarbefragung von 650 Familien (1300 Probanden) mit ihren minderjährigen Kindern interessierten uns vor allem die sozialstrukturellen und geschlechtsspezifischen Unterschiede. Auf die Ergebnisse dieser Untersuchungen werde ich mich im folgenden stützen. Denn angesichts der massiven Behinderung von differenzierten Einkommensanalysen ist bis heute über die Budget- und Vermögensverhältnisse von Familien in der Ex-DDR wenig bekannt.

1988 verfügte jeder DDR-Haushalt monatlich im Durchschnitt über 2083 Mark, davon wurden 6,5 % gespart. Das ist weniger als die Hälfte des verfügbaren Einkommens in bundesrepublikanischen

Haushalten und geringfügig weniger als die Hälfte der westdeutschen Ersparnisrate.

Allerdings gab es zwischen den verschiedenen Haushaltstypen beträchtliche Differenzen.

Eine Studie des Leipziger Instituts für Marktforschung widerlegt die verbreitete These, in der DDR habe sich ein Hochschulstudium finanziell nicht ausgezahlt. Hier wird deutlich, daß diejenigen DDR-Haushalte über das höchste monatliche Nettoeinkommen verfügten, deren Haupteinkommensbezieher Angestellter mit Hochschulabschluß war.

Ein anderer Aspekt betrifft die geschlechtsspezifischen Einkommen mit den bekannten Konsequenzen für die Arbeitsteilung in den Familienhaushalten:

Von den 15- bis 25jährigen Berufstätigen in der DDR-Volkswirtschaft befanden sich 1988 mehr als 60% der jungen Frauen in Einkommensgruppen unter 700 Mark. Bei der entsprechenden männlichen Vergleichsgruppe waren es lediglich 27%, trotz gleichen beruflichen Ausbildungsstands.

Trotz gleicher qualifikatorischer Voraussetzungen haben jüngere Männer in der DDR auffallend häufiger Karriere gemacht als jüngere Frauen, was Einkommensunterschiede noch vergrößerte.

Ähnlich ist die Einkommenssituation in den Alt-Bundesländern. Ein Vergleich der monatlichen Bruttoeinkommen qualifizierter Frauen und Männer belegt, daß der Anteil der Frauen im oberen Einkommensbereich (4000 DM und mehr) mit zunehmendem Alter geringfügig zunimmt und in der Altersstufe von 30 bis 34 Jahren bei 4% stagniert. Dagegen steigt der Anteil der Männer in dieser Einkommensspanne mit zunehmendem Alter auf 22 Prozent an.[2]

2. Haus- und Reproduktionsarbeit

Zeitbudget-Erhebungen in der DDR zeigten wiederholt, daß der wöchentliche Zeitaufwand zur Bewältigung von Hausarbeit etwa dem einer vollbeschäftigten Arbeitskraft entsprach. Ob diese Rechnung bewußt oder unbewußt so geschlechtsindifferent aufgemacht wurde, sei dahingestellt; immerhin geriet damit der Sachverhalt ins

Blickfeld, daß es sich bei den im Familienhaushalt zu erbringenden Versorgungs- und Betreuungsleistungen um gesellschaftlich notwendige Reproduktionsarbeit von beträchtlichem Ausmaß handelte. Die interviewten vollbeschäftigten Frauen sprachen denn auch immer wieder von der »2. Schicht« zu Hause, die sie nach ihrer beruflichen Tätigkeit leisteten.

DDR-Frauen erwirtschafteten durch ihre eigene Erwerbstätigkeit 30 bis 40% des monatlichen Familienbudgets. In der ehemaligen BRD dagegen betrug dieser Anteil lediglich 18%.

Die eigenständige soziale Position der DDR-Frauen hatte jedoch keine durchgreifende Veränderung der innerfamilialen Arbeitsteilung zur Folge.

Der »harte Kern« hauswirtschaftlicher Verrichtungen von Frauen besteht – in Ost und West – aus routinemäßig anfallenden Hausarbeiten wie Wäsche waschen und ausbessern, Zubereitung von Mahlzeiten und Reinigen der Wohnung. Männertypische Hausarbeiten beschränken sich auf kleine Reparaturen in Wohnung, Haus und Garten und die Pflege und Wartung des Familienfahrzeugs.

Geschirrspülen, Einkäufe, Behördengänge und Wege zu Dienstleistungseinrichtungen erfahren keine eindeutige Geschlechtszuschreibung mehr. Sie werden am häufigsten abwechselnd oder gemeinsam erledigt.

Hier zeigt sich, daß einerseits traditionelle Tätigkeitsbereiche der Frauen und Männer erhalten geblieben sind, andererseits herkömmliche Geschlechterzuweisungen verändert wurden.

Für die DDR weisen Untersuchungen aus, daß Ehefrauen mit Hochschulabschluß stärker die traditionelle Arbeitsteilung im Haushalt auflösten als Arbeiterfrauen.

In DDR-Arbeiterfamilien investierten Männer weniger als eine Stunde täglich in den Haushalt, ihre Frauen hingegen zwei bis vier Stunden. In Akademikerfamilien leisteten Frauen nur ein bis zwei Stunden Hausarbeit, waren aber unzufriedener mit der innerfamiliären Arbeitsteilung als Arbeiterinnen und Bäuerinnen.

Durch Tiefeninterviews wurde deutlich, daß sich Frauen oft nicht auf die mit ihren Männern ausgehandelte Aufgabenteilung verlassen konnten: »Wenn mein Mann eine Warteschlange sieht, stellt er sich einfach nicht an. Da kann der Kühlschrank noch so leer sein.«

Häufig wurde auch die Alltagsvergeßlichkeit beklagt: »Es passiert, daß er einfach ohne Getränke und Kartoffeln heimkommt, sich reuevoll an den Kopf greift, und das ist noch schlimmer, als wenn ich von vornherein weiß, daß ich alles einkaufen muß.«

Ähnlich in den Alt-Bundesländern: Am ehesten beteiligt sich der Ehemann oder Lebensgefährte an der Hausarbeit, wenn die Frau vollzeitbeschäftigt, am wenigsten, wenn sie Hausfrau ist.

Der Anteil der berufstätigen Frauen mit Kindern ist in den Alt-Bundesländern bedeutend geringer. In der DDR waren 1988 über 80% der Frauen zwischen 15 und 60 Jahren berufstätig, in der BRD lediglich 43,3%. Allerdings nimmt im Westen mit steigendem Bildungsniveau der Anteil der Mütter zu, die während der Familienphase berufstätig sind.[3]

Männer geben häufiger als Frauen an, daß Arbeiten im Haushalt abwechelnd oder gemeinsam erledigt werden. Dies ist durch das gestiegene öffentliche Problembewußtsein über die Gleichberechtigung zu erklären. Es dokumentiert den Versuch der Männer, den eigenen Anteil an der Erledigung von Hausarbeit etwas höher zu veranschlagen, als es tatsächlich der Fall ist.

Um bei wachsenden Engpässen und Versorgungskrisen die Familienversorgung auf einem bestimmten Niveau halten zu können, mußten sich die Ehemänner im Osten zunehmend in die Organisation des Familienhaushalts einschalten, denn die zeitlichen Ressourcen ihrer größtenteils vollzeitbeschäftigten Partnerinnen waren bereits ausgelastet. Männer übernahmen die Beschaffung von begehrten Konsumgütern und/oder eine Nebenerwerbstätigkeit zur Verbesserung der finanziellen Situation der Familie.

Auch dabei gab es soziale Differenzen: Männliche Angestellte und Führungskräfte verfügten über indirekte Ressourcen, um ihre zeitlich beschränkte Beteiligung am Haushalt zu kompensieren. Durch starke berufliche Integration hatten sie zwar wenig Freizeit, verdienten jedoch relativ gut und trugen durch ihre Zugänge zum Privilegiensystem zum Gelingen des Familienalltags bei.

Diese Art der Arbeitsteilung fand breite Akzeptanz unter den Ehefrauen.

3. Außerhäusliche Kinderbetreuung

Angesichts der Selbstverständlichkeit, mit der Frauen in Ost und West Berufstätigkeit in ihrer Lebensplanung verankern, kommt der außerhäuslichen Kinderbetreuung eine wachsende Bedeutung zu.

Dabei mutet es schon einigermaßen paradox an, daß in der DDR-Mangelgesellschaft eine flächendeckende Infrastruktur von Kindereinrichtungen existierte, wohingegen wir in der bundesrepublikanischen Wohlstandsgesellschaft auf eine eklatante Mangelsituation treffen. In dieser Beziehung hält die Bundesrepublik einen traurigen Rekord: Mit einem Betreuungsgrad von 1,6 Plätzen für 100 Kinder unter drei Jahren ist sie das Schlußlicht innerhalb der europäischen Gemeinschaft. Schließlich ist es mehr als bezeichnend, daß – trotz wortreicher Proklamationen – im neuen Kinder- und Jugendhilfegesetz der Rechtsanspruch auf einen Kindergartenplatz nicht fixiert werden konnte.

In der DDR stand immerhin für 80% der zwei- und dreijährigen Kinder ein Krippenplatz zur Verfügung. Etwa 3% der Plätze wurden von kirchlichen Einrichtungen zur Verfügung gestellt, 15% waren betriebliche Einrichtungen, und 82% lagen in staatlicher Hand. Darüber hinaus konnten alle Kinder einen Kindergarten besuchen.

In der Bundesrepublik haben seit Jahren diejenigen Entscheidungsmacht, die für den Mangel an Betreuungseinrichtungen plädieren.

So unterschiedlich die Realitäten bei der Kindertagesbetreuung in Ost und West auch waren, eines hatten sie gemeinsam: Hier wie dort ist die Betreuung durch Ideologien geleitet gewesen, nicht aber durch die Bedürfnisse der Kinder, Mütter und Eltern.

In der alten Bundesrepublik herrscht in politisch einflußreichen Kreisen die Auffassung, Kinderbetreuung sei Privatsache, eine öffentliche Mitverantwortung wird abgelehnt. Es wird behauptet, für das Kind sei in den ersten drei Jahren die ausschließliche Betreuung durch die Mutter das beste.

Die materielle und psychische Situation der Mutter wird völlig ignoriert. Wenn eine Mutter arbeiten möchte, ihre Handlungsräume aber durch fehlende Kinderbetreuung eingeschränkt sind, die Frau sich also nicht freiwillig für das Hausfrauendasein entschieden hat, steigt das Risiko der Überforderung und Hilflosigkeit im Umgang mit dem Kind. Die Unzufriedenheit der Mutter mit ihren Lebensumständen wirkt sich negativ auf die Mutter-Kind-Beziehung aus.

In der DDR dominierte das Leitbild der vollbeschäftigten Frau und Mutter, gepaart mit einem politischen Bildungskonzept, das die frühzeitige Erziehung der Kinder zu sozialistischen Staatsbürgern und das möglichst reibungslose, disziplinierte Hineinwachsen in das Arbeitsleben anstrebte.[4] Dennoch erlangten Frauen mit ihrer gesellschaftsweit akzeptierten Erwerbsarbeit eine weitgehende ökonomische Unabhängigkeit vom Mann, was ihnen die Realisierung ihres Kinderwunsches auch jenseits von Ehe und Partnerschaft ermöglicht hat. Es ist von daher bis zu einem gewissen Grad nachzuvollziehen, warum die DDR-Vergangenheit derzeit eine nachträgliche Aufwertung, teils sogar Verklärung erfährt – selbst bei Müttern, die vor der Wende ein sehr kritisches Verhältnis zum DDR-Staat hatten.

Denn die Hoffnungen, daß im Prozeß der Vereinigung – gestützt auf die vorhandene Infrastruktur für Kinder – pluralistische Erziehungskonzepte in den Einrichtungen umgesetzt werden, sind weitgehend enttäuscht. Nichts deutet darauf hin, daß der Zusammenbruch der kindbezogenen Infrastruktur durch politische Entscheidungen verhindert wird. Es ist auch kein Zufall, daß den Krippenerzieherinnen und Kindergärtnerinnen die DDR-Berufsabschlüsse aberkannt wurden.

In den alten Bundesländern bleibt etwa ein Drittel der Mütter mit Kindern unter drei Jahren vorwiegend aus finanziellen Gründen berufstätig, wobei ihre Kinder aufgrund des Mangels an Krippenplätzen in neun von zehn Fällen unter völlig ungeklärten Verhältnissen betreut werden oder sich selbst überlassen sind.

Dies sind keine wünschenswerten Verhältnisse für die neuen Bundesländer, zumal dort ein höherer Anteil von Müttern – ob verheiratet oder ledig – den Lebensunterhalt für sich und ihre Kinder erarbeiten muß.

Außerdem ist abzusehen, daß nach einer Umstellung der DDR-Wirtschaft gerade die jüngeren qualifizierten Frauen mit ihrer ausgeprägten Erwerbsorientierung den Wiedereinstieg ins Erwerbsleben finden werden, womit sich die Betreuungsfrage dann erneut stellt.[5]

Anmerkungen

1 B.Meuren: Das Ende der Linken – ein Männerproblem? Politische Kultur und geschlechtsspezifische Wahrnehmung nach dem Golfkrieg und der deutschen Vereinigung. In: Forum Wissenschaft, (1991), S. 14.
2 Bundesbildungsbericht 1991, S. 75.
3 Familiensurvey des Deutschen Jugendinstituts. H. Löhr: Beruf oder Kind? In: DJI-Bulletin, Juli 1990, S.4.
4 Vgl. U. Meier: Vater Staat und seine Jugend. In: Jugendschutz heute, Nr. 3, 1990, S. 4f.
5 Vgl. DJI-Gutachten: Entwicklungsbedingungen und -perspektiven der Jugendhilfe in der früheren DDR, München 1990, S. 82ff.

ANNEROSE KIRCHNER (OST)
Letzte Worte
Für Olympe de Gouges

Ich klage an: Männer ohne Genie
und Ideal, die Liebe in Haß verwandeln.
Ich klage an: Eintagsrepublikaner, Spitzel
ihres eigenen Gewissens, käufliche Hofschranzen
und Apostel der Gewalt. Von der Macht verführt,
verraten sie die Revolution. Das Schicksal
des Volkes ist ihnen einen Dreck wert.
Wer zwischen den Stühlen sitzt,
hat bereits verloren. Köpfe
müssen rollen. Auf der Treppe zum Thron
haben Frauen niemals Platz,
aber das Geheimnis ihrer Röcke weckt Neugier.
Meine Mätresse war der Ruhm, die Ehe
wäre mein Grab geworden.
Launisch gab sich mein Stern,
nur Feder und Papier blieben mir treu.
Kein Tribunal kann mich schuldig
sprechen. Die letzte Instanz:
das Recht aufs Schafott.
Ob Bürger Aubry meiner gedenkt?
Er weiß: Im Schweigen
kann ich nicht leben.

BIRGIT BÜTOW (OST)

Mein ganz eigen-artiges Feminismus-Verständnis

1.

Frauenforscherinnen der neuen Bundesländer befinden sich derzeitig in einer intensiven Diskussion um eigene Ansätze und Ansprüche. Eine erste wichtige Bestandsaufnahme und Standortbestimmung für sächsische Frauenforscherinnen fand 1991 in Dresden unter dem Titel statt: »Was heißt es für uns, feministisch zu forschen?«[1].

Damals stellten wir zunächst Ergebnisse von Frauenforscherinnen aus dem Osten vor. Denn über Frauen in den neuen Bundesländern sollte vor allem von uns selbst geforscht werden, um der Gefahr der Interpretation mit westdeutschem Maßstab zu entgehen. Das hat nichts mit Ignoranz zu tun, sondern mit unseren Ansprüchen, eigene Betroffenheit und Erfahrung in die Forschung einzubringen. Uns verärgert, in ein westlich-feministisches Denkraster gepreßt zu werden.

Vollzieht sich nun die Okkupation der Forschungslandschaft auch auf dem Gebiet der Frauenforschung? Vieles deutet darauf hin.

Es ist Fakt, daß sich der Prozeß der Vereinigung von DDR und BRD vor allem als Prozeß der Anpassung des Ostens an den Westen, als bundesrepublikanische Vereinnahmung vollzieht. Sozialwissenschaftlich wird das als »Systemtransformation mit Modernisierungsprozessen«, als Ausweitung der Modernisierung der westlichen Gesellschaft auf den Osten reflektiert.

Die Hoffnung auf gegenseitiges Lernen und auf Übernahme der positiven Seiten beider Systeme wurde bisher in der Realität in ferne Zukunft verwiesen und die Theorie von der Einbahnstraße »Westliche Modernisierung« in Frage gestellt.

Was für Auswirkungen haben diese Einbahnstraßen auf das Verhältnis von Ost- und West-Frauen, von Ost- und West-Frauenforscherinnen?

Groß war 1989 bei bewegten Frauen der Jubel darüber, jetzt gemeinsam in Ost und West für eine frauenfreundliche Gesellschaft zu streiten. Doch schnell kam der Schwesternfrust, einander nicht verstehen und zuhören zu können. Zu verschieden die Emanzipationsansprüche, zu verschieden die Erfahrungshorizonte.

Die Definitionsmacht westlich-feministischen Denkens wird deutlich, wenn Ost-Frauen zum Objekt der (Forschungs-)Begierde werden. Wie steht es um die Verantwortung feministischer Wissenschaft gegenüber ihren Beforschten? Diese Fragen bewegen uns ostdeutsche Frauenforscherinnen sehr. Nein, bewegen ist ein unzureichender Ausdruck. Diese Fragen sind auch existenziell. Da wir gerade erst anfangen, Frauenforschung zu betreiben, eigene Standpunkte zu formulieren, eigene Studien durchzuführen, sind westdeutsche Forscherinnen zugleich auch Konkurrentinnen bei der Verteilung knapper Forschungsfonds.

In diesem Konkurrenzkampf sind ostdeutsche Wissenschaftlerinnen vielfach benachteiligt.

Die »Hegemonie« westlicher Forscherinnen im Osten ist bisher noch nicht diskutiert wurden, hatte jedoch bereits verheerende Folgen. Nicht nur knappe Forschungsmittel wurden an westliche Kolleginnen vergeben – darüber hinaus disqualifizierten westliche Sichtweisen Lebenskonzepte und Bedürfnisse von Ost-Frauen in bezug auf staatliche Kinderbetreuung. In wissenschaftlichen Gutachten wurden Mütterzentren statt kommunale Kinderbetreuungseinrichtungen favorisiert. Die Folge: Frauenforscherinnen lieferten die Argumente zur Schließung bzw. zum Abbau kommunaler »Lasten«. Kinderbetreuung wird so zum Förderprojekt, das jederzeit in seiner Finanzierung gestrichen werden kann. So arbeitet westliche Frauenforschung (mehr oder minder unbewußt) *gegen* Ost-Frauen, im Interesse der konservativen Politik an der Demontage des Sozialstaats.

Dennoch ist – angesichts der vielen Probleme von Frauen – der Dialog zwischen Ost und West nötiger denn je. Ein Dialog, der trotz und gerade wegen der vielen Spannungen und Mißverständnisse geführt werden muß. Ein erster Schritt wäre, sich über »Grundfragen« zu verständigen: Was heißt es für uns im Osten, feministisch zu forschen?

Im wesentlichen finden sich im Osten zwei Forschungsansätze, wovon der erste die Patriarchatskritik bei der Weiblichkeitskritik ansetzt, der zweite Gesellschafts- und Politikkritik betreibt, die von den für Männer und Frauen einengenden und deformierenden gesellschaftlichen Verhältnissen ausgeht.[2]

Zur Forschung hat uns unsere Betroffenheit als Frauen motiviert und beflügelt. Es ist unser Interesse, uns für Frauen zu engagieren.

2.

Worin liegt die Quintessenz unserer Ergebnisse?[3]

Frauen werden im Zuge der wirtschaftlichen Umstruktuierung benachteiligt, setzen sich aber in unterschiedlicher Weise damit auseinander: Ihre Haltung schwankt zwischen Anpassung, Rückzug und zähem Ringen um einen Platz in der Marktwirtschaft. Trotz Verdrängung vom Arbeitsmarkt entwickeln Frauen erheblichen Widerstand und sind aktiv: Künstlerinnen schaffen dennoch Kunstwerke, Facharbeiterinnen unterziehen sich den Mühen einer Umschulung, Frauen setzen ihre hohen Ansprüche an Erwerbsarbeit durch Qualifizierungsmaßnahmen um (so etwa in Sachsen).

Bei der Analyse von Frauenrealität werden *unterschiedliche Prämissen* gesetzt, die Gefahren in sich bergen.

Gefahren liegen zum einen in der Überhöhung gesellschaftspolitischer Faktoren und Verantwortung, die aus der erfahrenen Diskrepanz von subjektiven Ansprüchen und objektiven Bedingungen für Frauenerwerbstätigkeit in der Marktwirtschaft herrühren. Es ist Fakt, daß Frauen zwar einerseits hohe Ansprüche an Erwerbsarbeit haben – andererseits aber nicht den Schritt tun, dafür auf der politischen Ebene entsprechende Bedingungen einzuklagen. Daraus könnte man schlußfolgern:

– Frauen sind bequem oder aktivieren sich nur auf der individuellen Ebene. Sie haben die Konsequenzen ihrer Geschlechtszugehörigkeit nicht erkannt und engagieren sich daher nicht feministisch. Deshalb ist abzusehen, daß ihre Widerstandsstrategien auf die Dauer nicht fruchten werden.

– Andererseits könnte man sagen, daß die Politik gefordert ist, angemessene Bedingungen für Erwerbsarbeit von Frauen zu schaffen. Denn der hereinbrechende Individualismus führt zur

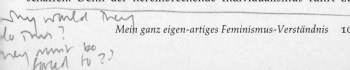

Zementierung patriarchaler Verhältnisse. Ein Bedingungsgefüge sind neue, familienfreundliche Formen von Erwerbsarbeit.

Meist wird die Anspruchshaltung von Frauen an den Staat in bezug auf soziale Sicherung als Auswirkung des sozialistischen Staatspaternalismus gewertet, der sie auch stark in Abhängigkeit gebracht hätte.

Auch die marktwirtschaftliche Entwicklung wird staatlich beeinflußt. Ein Paternalismus, der selbstverständlich scheint. Anders bei der Forderung nach Sicherungen für die reproduktive Sphäre. Hier werden Frauen zu Paternalistinnen abgestempelt. Aber ist es nicht Aufgabe des Staates, regulierend einzugreifen? Wenn Frauen also Staatsverantwortung fordern, heißt das nichts anderes, als ihre privaten Probleme zum Politikum zu machen.

Zum zweiten liegen Gefahren feministischer Forschung in der Überhöhung der eigenen Situation, der eigenen Verortung in Klasse, Rasse und Geschlecht, des eigenen Erkenntnisstandes.

Die dritte Gefahr ist die Überhöhung subjektiver Faktoren, das »Psychologisieren« von gesellschaftlichen Verhältnissen.

Den Gefahren kann einerseits durch Analyse und Kritik anerzogener und verinnerlichter Strukturen von Weiblichkeit begegnet werden. »Ohne ein solches Aufdecken scheint uns weder ein realistisches Wahrnehmen des Ichs und der »Anderen«, noch ein angemessenes praktisches Handeln und eine beflügelnde Utopie möglich. Feministische Methodik ist auch Kritik an den patriarchal geprägten Frauen selbst. Es bleibt die Frage, ob die Formen, mit denen sich Frauen als ›defizitäre Wesen‹ begreifen, solche sind, die ihre Entwicklung blockieren«.[4] Ost-Frauen dürften nicht nur den Opferstatus für sich reklamieren. Um Subjekt ihrer Biographie zu sein, müßten sie sich der alltäglichen Beteiligung an der Unterordnung und dem daraus resultierenden persönlichen Gewinn bewußt werden.

Andererseits ist die selbstkritische Auseinandersetzung mit den eigenen Forschungsmaßstäben wichtig. Den meisten Ansätzen liegt ein dualistisches Denken zugrunde: die Definition des »Anderen«. Dies hat zur Folge, daß sich die interpretierende Seite auf Kosten des »Anderen« erbaut, das »Andere« ausgegrenzt wird. Weiblichkeit wird als das Andere, Bessere und Friedfertigere gesetzt. Aber Frauenrealität ist vielfältiger. Weibliche und männliche Handlungsräume sind zu analysieren und zu reflektieren, was das konkrete Gesellschaftssystem geboten hat bzw. bietet.

Wir müssen fragen:

Worin sehen Frauen und Männer selbst ihre Möglichkeiten? Was hindert sie, ihr Leben zu gestalten, wie sie es gern möchten?

Die Verantwortung feministischer Forschung besteht im Öffentlichmachen der Diskrepanzen: also einer Gesellschaftskritik, die an den Handlungsräumen weiblicher und männlicher Individuen ansetzt – und Strategien zur Überwindung von beschränkenden Strukturen aufzeigt. Ein solcher Feminismus geht vom Individuum aus und kritisiert es nicht in seiner patriarchalen Beschränktheit, sondern kritisiert die Gesellschaft, die das Handeln beschränkt.

Nun kann mangelndes Diskriminierungsbewußtsein und das daraus resultierende fehlende Engagement von Frauen nicht mehr für sich selbst begriffen werden. Es wird möglich, den eigenen Maßstab, die eigene Problem- und Bewußtseinslage als eine unter vielen einzuordnen und somit die Apartheid des Feminismus zu überwinden.[5]

Bezogen auf die frauenpolitische und feministische Praxis bedeutet ein solcher Blick die Überwindung von Zielstellungen und Ansprüchen, die die Mehrzahl der Frauen weder teilt, geschweige denn, sich dafür engagiert. Dann werden auch solche Frauen erreicht, die sich nicht feministisch nennen. Dennoch verhalten sie sich antipatriarchal[6], indem sie ihre eigene Erwerbssituation und Verdrängung vom Arbeitsmarkt thematisieren und Gegenstrategien entwickeln. Das sind Frauen, die vor dem Wort »Feminismus« und patriarchatskritischen Forderungen hinter dem breiten Rücken ihrer Ehemänner zittern.

Verantwortung feministischer Wissenschaft liegt aber nicht allein in der Kritik von Strukturen europäischen Typs, sondern in der Herstellung globaler Bezüge, in der Kritik von Klassen- und Rassenschranken, die mit der Marktwirtschaft verwoben sind. Dazu gehört auch, nach gesellschaftspolitischen Alternativen zu suchen. Unvoreingenommen zu schauen, in welchem Verhältnis Anspruch und Realität des Sozialismus standen, ist dafür ein wichtige Voraussetzung. Andererseits müssen gesellschaftspolitische Alternativen gelebt und eingefordert werden, indem es feministische Projekte und politisches Engagement gibt.

3

Vorschläge für einen produktiven Ost-West-Dialog über feministische Forschung:

Soweit zum Diskussionsstand in Leipzig. Dies festzuhalten, betrachten wir als notwendig, um uns in Zukunft fundiert mit westlichen Frauenforscherinnen auseinandersetzen zu können. Was könnten die Prämissen eines solchen Dialogs sein? Hier ein Zitat von Gisela Notz, das die Problemlage auf den Punkt bringt:

»Zunächst gilt es, den Streit darüber, was der ›wahre Feminismus‹ ist, aufzugeben oder erst gar nicht aufzunehmen. Die Frage, die uns beschäftigen sollte, ist die nach den Perspektiven der Frauenforschung und nach den Wünschen und Visionen der Frauen selbst.

Und zwar sowohl derjenigen, mit denen und für die wir forschen, als auch der Forscherinnen. Mit der Umbenennung der betroffenen Forschungsobjekte in -subjekte ist so lange nichts gewonnen, wie die Subjekte von außen oder gar von oben betrachtet werden.

Solange wir die Analysen als Grundlage für die Entwicklung von Therapieinstrumenten benutzen, um die Unterdrückung erträglicher zu gestalten, solange wir als Forscherinnen Profiteurinnen des Forschungsprozesses sind und nicht diejenigen, die auch von der Forschung profitieren, für die und mit denen wir forschen, taugt unsere Forschung wenig.«[7]

Im Austausch über Lebenskonzepte von Ost- und West-Frauen – aus Eigen- und Fremdsicht – sollte herausgearbeitet werden, was das Trennende und was das Verbindende ist.

Wir sollten einen Dialog führen, der nicht fertige Lösungen und »die« Konzepte und Erklärungen zum Ziel hat, in der *eine* Sichtweise zum Maßstab stilisiert wird, andere nicht zugelassen werden. Denn das hat nach unseren Erfahrungen die Konsequenz, daß wir bei der Verteilung von knappen Ressourcen für die Frauenforschung, bei der Möglichkeit, zu publizieren und anderweitig in der Öffentlichkeit aufzutreten, benachteiligt und folglich auch weniger in Netzwerke integriert sind.

Dabei sollte die Konkurrenz zwischen Ost- und West-Forscherinnen nicht tabuisiert werden.

Anmerkungen

1 Zum Ergebnis der ersten Tagung 1991 liegt ein Dokumentationsband vor: »Zur Situation der Frauenforschung in Sachsen. Beginn einer Bestandsaufnahme.« Hg. von Karin Dauenheimer von der Beratungsstelle für Frauen, Dresden 1992.

2 Es wäre vorschnell, diese beiden Sichtweisen linear den jeweiligen DDR-Wissenschaftsschulen (Berlin und Leipzig) zuzuordnen. Was in der DDR Frauenforschung war, sollte differenziert gesehen und nicht vorschnell abgewertet werden. Und nicht, wie Hildegard Maria Nickel in Pose der wissenden Feministin sagt: »Manche behaupten, in der DDR habe es eine 20jährige Tradition von Frauenforschung gegeben. Ich gehöre nicht dazu.« Diese Ergebnisse würden nach ihrer Meinung allenfalls »als Grabbelkiste für den einen oder anderen empirischen Beleg« taugen (Nickel 1992, S. 40).

3 »Unsere Ergebnisse« meint Ergebnisse aus Arbeiten von B.Bütow, K.Dietrich, U.Stecker (Vorträge und Publikationen) zum Spannungsverhältnis weiblicher Lebenskonzepte und realer Situation.

4 Heidi Stecker: Künstlerinnen im Umbruch oder wohin verschwinden die Frauen?; Ulrike Diedrich: Umbruch und Anpassung. Unveröffentlichte Vorträge von der zweiten feministischen Konferenz in Dresden vom 22. bis 24.1.1993.

5 Christina Thürmer-Rohr: Kopfmauern. In: Emanzipation. Berlin, 8.10.1992.

6 Irene Dölling: Man lebt jetzt regelrecht von Tag zu Tag, weil nichts mehr sicher ist. Tagebücher als Dokumente eines gesellschaftlichen Umbruchs. In: Berliner Journal für Soziologie. Heft 1/1992, S. 110f.

7 Gisela Notz: Perspektiven der Frauenforschung für Gesamtdeutschland. In: Zum Stand der Frauenforschung in West und Ost: Umbrüche – Einbrüche – Durchbrüche. Referate und Expertisen von der Fachtagung »Frauenforschung in West und Ost« der Friedrich-Ebert-Stiftung vom November 1989. Bonn 1991, S. 98.

Literatur

– Bütow, Birgit/Diedrich, Ulrike/Stecker, Heidi:. Frauen im Umbruch – Was kann, was soll und was will Feminismus hier und heute? In: Leipziger Hefte. Einspruch. Nr. 9/1992.

– Dölling, Irene: »Man lebt jetzt regelrecht von Tag zu Tag, weil nichts mehr sicher ist.« Tagebücher als Dokumente eines gesellschaftlichen Umbruchs. In: Berliner Journal für Soziologie. Heft 1/1992, S. 103-111.

– Gabriel, Birgit: Thesen zur Frauenforschung. In: Zum Stand der Frauenforschung in West und Ost. Umbrüche – Einbrüche – Durchbrüche. Friedrich-Ebert-Stiftung. Bonn 1991.

- Nickel, Hildegard Maria: Modernisierungsbrüche im Einigungsprozeß – (k)ein einig Volk von Schwestern. In: Christine Kulke/Heidi Kopp-Degethoff/Ulrike Ramming (Hg.): Wider das schlichte Vergessen. Der deutsch-deutsche Einigungsprozeß: Frauen im Dialog. Berlin 1992, S. 38-50

Katrin Rohnstock (Ost)
Die verschwiegene Ost-Frau

Frauen in der Ex-DDR und Öffentlichkeit

Im März 1993 erhielt die Bundesfrauenministerin Angela Merkel auf einer Pressekonferenz ein rührendes Geschenk. Eine Leipziger Gewerkschaftsfunktionärin überreichte einen mit Schleifchen und Luftballons bunt geschmückten Baum. Nein, nicht etwa ein Freudenbaum, sondern ein Sorgenbaum. Denn daran hingen außerdem unzählige Zettel, auf die Frauen aus Sachsen ihre Nöte und Wünsche geschrieben hatten, um sie der Frau Ministerin als Gruß zu überreichen. Die so Beschenkte bedankte sich mit den Worten: »Ich freue mich, daß die Frauen ihre Sorgen und Ängste zum Ausdruck bringen. Denn in der Sprachlosigkeit sehe ich eines der großen Probleme.«

Ja, da hat Frau Merkel recht: Frauen gehen nicht mehr in die Öffentlichkeit. Hat es ihnen die Sprache verschlagen? Oder finden sie kein Medium, um ihre Sorgen, Wut und Wünsche zu artikulieren? Wird von ihnen nicht mehr gesprochen, weil sie nicht lauthals schreien? Aus welchen Gründen werden sie immer leiser, stiller?

Von einer aus dem Westen angereisten Journalistin befragt, wo denn die Frauen mit ihrem Anliegen in der Öffentlichkeit geblieben seien, entgegnete Carmen Stange, Staatssektretärin für Gleichstellung von Sachsen-Anhalt, daß die Medien kein Interesse an Frauen aus dem Osten hätten.

Ist nur das Thema »Ost-Frau« out, oder spielen Frauen überhaupt keine Rolle in der gesamtdeutschen Öffentlichkeit? Denn auch auf Tagungen und Kongressen, die sich nicht explizit mit Problemen von Ost-Frauen beschäftigen, sind selten Referentinnen aus den neuen Bundesländern zu finden. Was hätten wir auch zu sagen zu Themen wie »Frauen und Technik«, »Teilzeitarbeit« oder »Frauenförderung in den Betrieben«?

Im Vergleich zu ostdeutschen Erfahrungen sind westliche Verhältnisse derart steinzeitlich, daß Praktiken und Gesetze der DDR als emanzipatorische Utopien anmuten, nicht real, nicht anwendbar auf die jetzige Situation. Was ließe sich daraus schon lernen? Für Gesamtdeutschland?

Die Entwicklungshilfe, die wir dem Westen geben könnten und müßten – wie intelligente Wessis längst herausgefunden haben – findet kein Interesse.

Schweigen von Ost-Seite dagegen bei Themen, die für uns keine sind: »Karriere« oder »Gewalt am Arbeitsplatz« – das vieldiskutierte Novum im von Angela Merkel vorgelegten Gleichberechtigungsgesetz. Kann die Ministerin ihr Bedauern über ostfrauliche Schweigsamkeit ernstlich glaubhaft machen, wenn der Gesetzesentwurf nicht im mindesten auf die Probleme hiesiger Frauen eingeht?

In den Themen und Ansprüchen liegt die scheinbar unüberbrückbare Kluft zwischen Ost und West. Für die Themen, die im Westen auf der Tagesordnung stehen, sind wir einerseits zu unrealistisch, überemanzipiert, sozial zu anspruchsvoll und gar männerfreundlich, andererseits können wir die Debatten nicht nachvollziehen – es sind nicht unsere Probleme. So gaben mir die Redakteurinnen westdeutscher Zeitungen und Frauenzeitschriften zu verstehen, daß sie durchaus an Ost-Frauen interessiert seien: z.B. an der erfolgreichen Unternehmerin oder der durch den gewendeten Ostmann verlassenen Frau.

Die Journaille ist in der Klemme: Wie soll sie die Ost-Frauen noch darstellen? Das Klischee der »Verliererin« der deutschen Einheit wurde tausendfach strapaziert und ist für die auf Neuheit und Sensation orientierten Medien längst ausgereizt; das Bild der erbarmungswürdigen, von Berufstätigkeit ausgemergelten faltig-grauen Mutti – eben Osten – hat gleichermaßen ausgedient.

Die Hausfrau für Koch-, Strick- und Psychoratschläge läßt sich nicht finden, ebensowenig wie die Karrierefrau, die auf Familie und Kinder verzichtet, um den Männern in Entscheidungsetagen nachzueifern.

Das Dilemma besteht darin, daß die westlichen Schablonen und (Vor-)Urteile eine differenzierte Wahrnehmung der Ost-Frauen verhindern. Selbst bei immer wieder bekundetem Interesse ist eine gewisse Ratlosigkeit nicht zu übersehen.

Das Dilemma ist beidseitig, denn die Zeitungen und Zeitschriften, die nicht dem Frauenbild der Ost-Frauen entsprechen, werden von ihnen auch nicht gelesen. Die Suche nach der »Mutti des Monats«[1] oder eine simplifizierte Darstellung von Erfolgsaussichten bei Existenzgründungen (»7 neue Ideen, wie arbeitslose Frauen Geld verdienen können – Die Philosophin vermittelt jetzt Damen mit Niveau«)[2] werden angewidert abgelehnt.

Als »geistigen Dünnschiß« bezeichnete ein zügelloses Frauenzimmer westliche Frauenzeitschriften vor einem hochseriösen Kongreß.

Statistisch weist sich die Ablehnung so aus:

Lediglich 2,3 % aller »Freundin«- oder 3,5 % der »Brigitte«-Leserinnen kommen aus dem Osten. Allein »Bild der Frau« wird mit 11,2 % Ost-Leserinnen überhaupt nennenswert wahrgenommen. (Quelle: Brigitte-Kommunikationsanalyse 92)

Selbst das feministische Kreischblatt »Emma« bekommt keinen Fuß auf die östliche Erde.

Es besteht Einigkeit: Die im Westen produzierten Zeitschriften kennen die Ost-Frauen nicht, und die Ost-Frauen lehnen die West-Presse ab. Die dargestellten Probleme sind nicht die ihren; ihre Anliegen finden sie nicht wieder.

Das zeigt sich nicht zuletzt in der ästhetischen Umsetzung: Ein Frauenbild, geprägt von durchgestylten Hochglanzdamen, das zur Präsentation von Weiblichkeit die ganze Palette von niedrig- bis hochpreisigen Schönheitspräparaten benötigt, ist für die realitätsbezogene Ost-Frau so lebensfremd und unglaubwürdig, daß sie sich äußerst selten diese Scheinwelt zumutet.

Nun gibt es freilich auch im Westen genügend Frauen, die mit dem Zeitschriftenangebot höchst unzufrieden sind, weil sie ein Medium zu ihrer Unterhaltung und Bildung vermissen. An den geschlechtsunspezifischen Zeitungen und Zeitschriften bemängeln sie das Fehlen von Frauen als Thema, in den Frauenzeitschriften finden sie nicht ihre feministischen Standpunkte, und »Emma« ist zu ideologisch, wird nur noch aus alter Verbundenheit gelesen.

Was mich stört an frauenengagierten Artikeln, ist, daß die Bewertungen schon im vorhinein feststehen. Die Verhältnisse werden stets nach dem Muster gedeutet: Frauen sind benachteiligt, müssen sich (noch) mehr engagieren, Männer sind schuld an ihrer Erfolglosigkeit, und ansonsten kann alles beim alten bleiben. Einfältig und langweilig. Ich kann Anklage und Jammern nicht mehr hören. Immer im Wechselspiel von Angriff und Verteidigung. Kein unvoreingenommenes Beobachten, kein beschauliches Nachdenken. In akribischer Manier werden die Frauenanteile – wo auch immer – berechnet, wird untersucht, um wieviel Prozent hinterm Komma sie sich erhöht oder verringert haben. Ein statistischer Feminismus.

Ja, ich weiß, wer sich in die Öffentlichkeit begibt, muß sich den herrschenden Methoden anpassen. Sonst könnte man in den Verruf kommen, nichts zu sagen zu haben. Und immer fein säuberlich trennen: Gefühle – Freude und Sehnsüchte – gehören in die Psychoecke, Unterhaltung ist ein anderes Genre als Nachrichten.

Die westliche Frauenöffentlichkeit ist nicht meine.

Ich hatte mir Feminismus und Feministinnen so vorgestellt:

Ich dachte, sie seien »ganzheitlich«. Ich dachte, es wäre eine wirkliche Alternative. Ich glaubte an eine Vernunft, die dem Gefühl entspringt und grundsätzliche Sinnfragen stellt.

Jetzt habe ich das Gefühl, daß die West-Menschen etwas brauchen, was sie selbst nicht herstellen können: Seele. Der Kapitalismus – wie der Feminismus – verdirbt die Seele.

Worauf gründet sich mein Eindruck?

Seit dem Mauerfall habe ich unzählige engagierte Frauen getroffen: Top-Managerinnen, Unternehmerinnen, Projekte- und Politikfrauen. Sie alle konnten sich darstellen – «gut verkaufen», kannten ihr Ziel und die Durchsetzungsstrategien.

Ich unterhielt mich gern mit ihnen, lernte und hatte das Gefühl, ein wenig verstanden zu werden. Bis ich völlig unbeabsichtigt einen kleinen Skandal auslöste. Auf einer Konferenz des Bundespresseamtes antwortete ich einer westdeutschen Journalistin, als sie sich nach meinem Befinden erkundigte, daß ich mich in dem Nobel-Hotel unter all den nobel aufgemachten Menschen fremd fühle. Für mich sei die Hülle, der Schein nicht so wichtig. Ich sähe darin einen bedeutenden Ost-West-Unterschied. Sie lächelte und stimmte mir zu. Wochen später hörte ich, welche Verunsicherung meine unbekümmerte Bemerkung verursacht hatte: Sie war von Bonn über München bis nach Berlin zurückgetragen worden. Ich wurde diskret darauf hingewiesen, daß solcherart Direktheit eine unanständige Ost-Allüre sei.

Freilich hörte ich von anderen, entmutigten Frauen, die nach der

Familienphase Selbstwerttraining brauchen, um wieder einzusteigen, hörte von Frauen, die wegen eines Kindes ihre Ausbildung unterbrechen und unterqualifiziert arbeiten. Aber die traf ich nicht. Und dann lernte ich eine Avantgardistin der Frauenbewegung näher kennen: Sie gefiel mir, weil sie natürlich, hilfsbereit und unkompliziert ist. Mitte Fünfzig, Eigentumswohnung, alleinstehend mit Putzfrau (»die putzt gern, und ich verhelfe ihr damit zu ein paar Groschen«), attraktiver, sicherer Job.

Für mich war klar, daß sie kinderlos geblieben war. Sie würde Freude und Anstrengungen mit meinen Kindern nicht nachvollziehen können. Nach mehreren Gesprächen und viel Bier bemerkte sie im Nebensatz, daß sie eine Tochter in meinem Alter habe. Als ich sie nach ihrem Verhältnis zur Tochter fragte, gab sie unwirsch Auskunft, daß die Tochter als Drogenabhängige in einer anderen Stadt lebe. – Ich hatte ein Tabu berührt.

Natürlich habe ich auch eine West-Freundin. Eine. Und ich weiß nicht, ob es ihr angenehm ist, daß ich sie so bezeichne. Ich lerne sehr viel von ihr, ich kann ihre eindringlichen Ratschläge inzwischen verstehen und oft annehmen. Die Rollenverteilung zwischen uns ist klar, wir brauchen darum nicht zu kämpfen. Sie ist älter als meine Mutter. Jetzt haben wir die vertrauliche Leichtigkeit, daß wir übereinander lachen können. Ich freue mich auf jede Begegnung mit ihr und weiß oft im vorhinein, wofür sie mir Schelte geben wird: »Das brauchen Sie jetzt so nötig wie ein Loch im Kopp«, ist der geflügelte Satz. Ich bleibe die rebellische, aber gut erzogene Tochter, die bildungsbürgerliche Werte zu schätzen weiß und doch ständig im Widerstand dagegen ist. Wir haben ähnliche Charaktere und ähnliche Probleme mit Frauen: Unsere Dominanz, Entschiedenheit und Erfolgsausrichtung wird als »männlich« diffamiert. Sie hat es im Westen erlebt – ich erlebe es im Osten.

Neulich gab mir eine Kollegin eins drauf, indem sie mir vorwarf, ich sei leistungsorientiert wie eine West-Frau.

Beim genaueren Hinsehen werden alle Klischees dumm.

Und dennoch: die Kluft zwischen Ost und West scheint insbesondere bei den Frauen groß. Soziologische Untersuchungen belegen den Eindruck der Differenz.

Noch einmal in die Vergangenheit:

- 1989 waren in der DDR 91% aller Frauen im erwerbsfähigen Alter berufstätig, im Westen 54%. (Das Land mit der höchsten Frauenerwerbsquote traf auf ein Land mit einer der niedrigsten Frauenerwerbsquoten in Europa.)
- Davon waren im Osten 27% teilzeitbeschäftigt, im Westen sind 74% der berufstätigen Frauen teilzeitbeschäftigt.

Die vom Scheringkonzern in Auftrag gegebene Frauenstudie 93[3] bringt erstmals den Vergleich zwischen Ost und West in bezug auf Lebensverhältnisse, Lebensstile, Lebenserwartungen von Frauen. Hier zeigen sich die durch unterschiedliche Sozialisation bedingten unterschiedlichen Einstellungen und Ansprüche.

- Im Osten hatten 91% aller Frauen Kinder, im Westen sind es nur 68%. Allerdings ist die Geburtenrate seit der Wende um fast 50% gesunken, so daß heute nur noch 77% der ostdeutschen Frauen im gebärfähigen Alter Kinder haben.
- Und dennoch: 77% der heute ganztags beschäftigten Frauen im Osten leben mit Kindern, im Westen sind es lediglich 36%.

Hier schlägt die bessere Vereinbarkeit von qualifizierter Berufstätigkeit und Familie, die die Frauen in der DDR leben konnten, zu Buche. Denn die sozialpolitischen Regelungen waren so günstig – ein bezahltes Babyjahr, Erhalt des Arbeitsplatzes bis zu drei Jahren nach der Geburt des Kindes –, daß die Frauen nur selten aus dem Beruf ausstiegen. Durch diese Erfahrungen geprägt, sehen die Ost-Frauen (66%) in der Vereinbarkeit von Familie und Beruf weniger Probleme als westdeutsche (43%). Dennoch werden bereits Enttäuschung und Skepsis gegenüber den neuen gesellschaftlichen Verhältnissen deutlich. Geblieben ist, daß 73% der Ost-Frauen, aber nur 55% der West-Frauen sicher sind, daß eine Frau mit Kind glücklicher lebt als ohne. Allerdings ist ein überdurchschnittlicher Anteil (25%) an ostdeutschen Frauen überzeugt, daß sich die heutigen gesellschaftlichen Verhältnisse nicht eignen, Berufs- und Kinderwunsch zu vereinen.

Dabei unterscheiden sich auch die Vorstellungen über die berufliche Tätigkeit stark. Bei den Frauen aus dem Osten liegen der Wert eines Berufes, der ihnen Freude macht, und beruflicher Erfolg als Glücksquelle dicht nebeneinander – wie übrigens auch bei den ost-

und westdeutschen Männern. 52% bejahen Freude im Beruf und 51% Erfolg im Beruf als persönliche Glücksquellen. Anders die westdeutschen Frauen: 35% sehen Freude im Beruf als Glücksquelle, aber nur 27% Erfolg als Glück an.

Frauen waren in die Berufssphäre integriert, hatten das gleiche Ausbildungsniveau wie Männer, kannten den partnerschaftlichen Umgang und mußten sich nicht laufend als ein Wesen zweiter Klasse erfahren. Sie konnten Kinder haben, ohne auf berufliche Selbstverwirklichung verzichten zu müssen. Die Männer waren entsprechend stärker integriert in familiäre Pflichten, wenn es auch kein paritätisches Verhältnis der Aufgabenteilung gab. Das hatte ein partnerschaftliches Miteinander der Geschlechter zur Folge, das jetzt von einem Verhältnis der Geschlechterdifferenz, gar des Kampfes zwischen den Geschlechtern abgelöst wird.

Das sozialistisch-emanzipatorische Selbstverständnis des Ostens und das kapitalistisch-feministische des Westens lassen die Frauen schwer zueinanderfinden. In Arbeitsbeziehungen werden die Differenzen inzwischen jedoch ernst genommen. Sachliche Kooperation bestimmt oftmals den Charakter der Beziehungen. Daß frau sich gegenseitig als souveräne Partnerin akzeptiert, die kulturelle Fremdheit ernst genommen wird, liegt zum einem am gewachsenen Wissen der West-Frauen über die Ossis, zum anderen auch daran, daß Ost-Frauen im Laufe des vierjährigen Diskussionsprozesses Selbstvertrauen und Selbstbewußtsein dazugewonnen haben, um sich gegen die suggestive Definitionsmacht, die allem Westlichen anhaftet, zur Wehr zu setzen. In Berlin, wo die beiden Welten alltäglich aufeinandertreffen, wird diese Entwicklung besonders deutlich.

Was bleibt, ist die strukturell bedingte Konkurrenz: Junge, flexible Ost-Männer schnappen West-Frauen die Arbeitsplätze weg, in Fragen der Frauenpolitik werden eher langjährig in der Politik oder Forschung tätige West-Frauen bevorzugt, dies eben auch für Aufgaben, bei denen empirisches Wissen und Einfühlungsvermögen des Ostens notwendig wäre.

Von westlicher Seite wird uns immer vorgehalten, in der DDR hätte es keine Frauenbewegung gegeben. Gemeint ist: Ost-Frauen haben ein Defizit, sie sind arm dran ohne diese Erfahrung. Vielleicht auch: Ohne Frauenbewegung kann frau nicht wirklich emanzipiert sein. Ohne all die intellektuellen Debatten, die Bibliotheken voll Bücher, die Kampagnen sind wir nicht unglücklicher gewesen.

Was würdet ihr sagen, wenn wir gar nicht scharf auf diese Bewegung sind, wenn wir gar keine separaten Frauenräume wollen und nicht die Verbitterung, die mit dem zähen Kampf ums Selbstverständliche einhergeht? Was würdet ihr sagen, wenn wir diesen endlosen Kampf ohne *strukturelle* Veränderungen als müßig und unproduktiv erleben und es uns völlig egal ist, ob wir uns »Arbeiter« oder »Arbeiterin« nennen? Wenn es statt dessen aber subventionierte Kinderkleidung und ausreichend Krippenplätze gibt. Die Kopfgeburt »Emanzipation« ist das eine, das reale Leben mit der Vereinbarkeit von Beruf und Kindern das andere. Wir haben die Emanzipation alltäglich gelebt, konnten uns viele Auseinandersetzungen sparen, da es im Zentralkomitee Männer[5] gab, die sich für die Fristenlösung einsetzten. Was ist denn gegen solche Männer einzuwenden? Wer anderes als der Staat soll frauenfreundliche Strukturen in Gesetzesform umsetzen? Was ist denn gegen einen Staat einzuwenden, der das getan hat, aus welchen Gründen auch immer. Für mein alltägliches Leben ist mir völlig gleichgültig, ob die Volkswirtschaft Arbeitskräfte brauchte oder nicht. Für mich ist wichtig, daß ich arbeiten kann und dafür bezahlt werde und damit wiederum unabhängig vom Staat bin. Ich empfinde es nicht als attraktiv, von der Versammlung der Elterninitiative, zum Mieterverein und zum Frauenverband hetzen zu müssen, damit ich lediglich das für mich Selbstverständliche durchsetzen kann. Ich brauche Zeit für mich, meine Freunde und Kinder, die nicht schuldlose Opfer meines Engagements werden sollen. Wir hatten es in der DDR bequemer, vielleicht. Aber was ist gegen Bequemlichkeit und Ruhe einzuwenden? Und geistige Nahrung gab uns die Literatur, auch die von Frauen, die den Emanzipationsprozeß begleitete, die ein Medium für Identifikation und Auseinandersetzung war.

Als »literarischen Feminismus« bezeichnet Christine Eifler[6] dieses »DDR-typische Phänomen«. Die Literatur, das Chanson, der Film waren Sprachrohr des Emanzipationsprozesses und wurden zugleich dessen wichtigster ideeller Motor. Die DDR-Frauenliteratur erschien in Millionenauflage und wurde von Hand zu Hand gereicht, weil die Druckauflage niemals den Bedarf befriedigen konnte.

Sie wurde auf literarischen Veranstaltungen und im Freundeskreis diskutiert und konnte sich einer Resonanz erfreuen, die heute kaum ein Medium mehr erreicht. Kaum ein Theater, das die Protokolle der Maxi Wander nicht auf die kleine Bühne brachte und über Jahre erfolgreich spielte, kaum ein Liebesbrief, der ohne Zitate von Brigitte Reimann oder Christa Wolf auskam.

Deshalb war es auch kein Zufall, daß westliche Medien unter Federführung der »FAZ« schon in der Wende-Zeit eine Autorin wie Christa Wolf herabwürdigten. Als Personifikation des nationalen Gewissens kam ihr identitätsstiftende Bedeutung zu, und die sollte zerstört werden, indem sie als moralische Instanz, die sie war, unglaubwürdig gemacht wurde.

Die Ausdrucksformen und die Identität vieler Frauen sind ohne die literarische Frauenbewegung der Vorwendezeit gar nicht denkbar. Schreibende Frauen, die nach westlichem Verständnis weniger als Schriftstellerinnen, eher als Publizistinnen zu bezeichnen sind, »sprengen mit ihren Texten Rollenzuweisungen, erkunden die Differenz in den Geschlechterbeziehungen, entwickeln Eigensicht im Widerpart zu Weiblichkeitsmustern (die in den Medien verbreitet wurden), entdecken ihre Sicht… auf andere«.[7]

Das Selbstverständnis der DDR-Frauen ist ohne die DDR-Frauenliteratur gar nicht denkbar. Es wird bis heute geprägt von der Erfahrungsliteratur einer Brigitte Reimann, Maxi Wander, Christa Wolf, Helga Königsdorf, Eva Strittmatter u.a.m.

Dementsprechend ist die Wendezeit auch geprägt vom Übergang der DDR-typischen Form von Frauenöffentlichkeit zu den westlichen Formen.

Auf Demonstrationen, Flugblättern, Handzetteln, in Selbstdarstellungen von Frauenprojekten werden immer wieder DDR-Autorinnen mit ihrem Emanzipationsanspruch zitiert. Nicht zufällig war das Konzept des einzig überregionalen feministischen Mediums der Wendezeit, der »Ypsilon, Zeitschrift aus Frauensicht«, stark angelehnt an die literarischen Formen der weiblichen Identitätssuche. Und nicht zufällig stand die Frage nach der eigenen Identität überhaupt im Mittelpunkt dieser Zeitschrift.

»Ypsilon« erschien erstmalig einen Tag nach der Währungsunion und bis Ende 1991 in zehn Ausgaben. Schon in der Vorwendezeit wünschten sich viele eine Alternative zur »Für Dich«, der einzigen Frauenzeitschrift in der DDR.

Spätestens ab Dezember 1989 gründeten sich zahlreiche Gruppen, die alle eine eigene Zeitschrift wünschten und zur gegenseitigen Information und Vernetzung auch benötigten. Deshalb fanden sich bei der Gründung des Unabhängigen Frauenverbandes am 3.12.1989 zahlreiche Frauen zusammen, die für eine solche Zeitschrift arbeiten bzw. sie zunächst konzipieren wollten. Etwa 30 Frauen trafen sich wöchentlich, um vor allem Themen, die bisher unaufgearbeitet blieben, zu diskutieren. Unter den Frauen waren sowohl Journalistinnen aus den staatlichen Medien, als auch viele junge Frauen, die eher der alternativen Szene zuzuordnen waren. Aus dieser Heterogenität der Gruppe entwickelten sich alsbald starke gruppendynamische Prozesse, die aus unterschiedlichen politischen Auffassungen, Emanzipationskonzepten sowie redaktionellen Vorstellungen herrührten. Eine Zeitschrift für alle, die alle gemeinsam herstellten, war offenbar unmöglich. Der Verlag der Bürgerbewegung »BasisDruck« verdiente mit dem Bestseller von Mielke »Ich liebe euch doch alle« das Geld, um auch eine Frauenzeitschrift herauszugeben, und entschied sich für die alternativ orientierten, bürgerbewegungsnahen Frauen.

Nach vier Monaten redaktioneller Selbstverständigung erschien die erste Nummer im Juni 1990. »Ypsilon« war mit großem Anspruch angetreten: die Suche nach der eigenen Identität, die sich vor allem in Selbsterfahrungstexten dokumentierte.

Ein Forum für die gesamte Frauenbewegung wollte die Zeitschrift sein und politische Orientierungen geben. Authentische Nähe zur Erfahrungswelt von Frauen sollte Dogmatismus, vor allem des westlichen Feminismus, verhindern. Im Sprachduktus waren die Texte stark an literarische Texte der DDR-Frauenliteratur angelehnt. Der ganzheitliche Anspruch von niveauvollem Layout, gewissenhaftem Umgang mit der Sprache, Authentizität und Sachinformation zeichnete die Zeitschrift als ein typisches (und utopisches) Wendeprodukt aus. »Ypsilon« startete mit einer Auflage von 50000 Exemplaren. Von der ersten Ausgabe, noch durch DDR-eigenen Postzeitungsvertrieb betreut, wurden 20000 Stück verkauft – ohne große Werbung. Nach heutigen Gesichtspunkten ein riesiger Erfolg. Damals waren wir enttäuscht, denn wer hatte eine Ahnung, wie kompliziert und übersättigt der gesamtdeutsche Zeitschriftenmarkt ist. Ohne Anzeigenaufkommen, denn von der schwierigen Anzeigenakquisition verstanden weder die Neu-Verleger noch die Redaktion etwas, mußte der Verlag bald die Auflage reduzieren, später auch an Herstellungskosten sparen, bis das Geld im Sommer 1991 völlig ausging.

Es erschienen zwei gesponserte Nummern, bevor die »Frauensicht« eingestellt wurde. Hinter den Metamorphosen von »Ypsilon« steht die Entwicklung der Frauen in diesem Lande. Für unvoreingenommenes Erforschen und gelassenes Nachdenken, für Experimente im Konzept blieb keine Zeit. Existenzsicherung ist die Devise der Stunde, für die Frauen wie für ihre Erzeugnisse, die sie marktfähig gestalten müssen. Inhaltliche Fragen spielen dabei eine weitaus geringere Rolle als Fragen des Marketing, der Werbe- und Verkaufsstrategie. Produkte, die sich am Markt bewähren müssen, brauchen einen klar erkennbaren funktionalen Charakter. Insofern war »Ypsilon« ein Relikt, begründet auf den Utopien einer demokratisch-sozialistischen Gesellschaft, in der nicht das Geld regiert. Selbstverständigung verstand sich als kulturelles Kapital, gebraucht als alltägliches Lebensmittel.

Regionalen Zeitschriften ohne professionellen Anspruch wie die »Zaunreiterin« aus Leipzig oder die »Lila Seiten« aus Schwerin scheint dagegen ein längerfristiges Hungerdasein beschieden zu sein. Sie verstehen sich vor allem als Foren für Frauenprojekte und dienen dem Informationsaustausch von frauenpolitisch engagierten Frauen. Daß diese Gruppe immer kleiner wird, ist den Existenz- und Zeitnöten geschuldet, aber auch der Erfahrung, daß Frauenbewegung wenig bewirkt.

Wodurch ist nun der Anspruch von Ost-Frauen an Zeitschriften und Zeitungen geprägt?

Frauen suchen ein Medium, das ihrer Identität entspricht. Denn wie eine Untersuchung des Frauenmedienbüros Fakta zum Informationsbedarf von Ost-Frauen zeigt[8], ist das Bedürfnis nach Bestätigung um so größer, je stärker die soziale Verunsicherung ist. Frauen müssen sich um ihren gefährdeten Lebensunterhalt kümmern, sind auf der Suche nach Arbeit oder arbeiten weitaus mehr als früher, da sie ihre Leistungen ganz neu unter Beweis zu stellen haben. Deshalb bleibt für gesellschaftliches Engagement kaum Zeit. Mit dieser Entwicklung ist notwendig eine Entpolitisierung verbunden. Lebenshilfe, praktische Hinweise sind gefragt. Auf die Verunsicherung, die die Wende mit sich brachte, kann wirkungsvoll nur eingegangen werden durch Medien, die praktische Lebenshilfe mit dem kulturellen und emanzipatorischen Selbstverständnis der Frauen koppeln. Ob es eine solche Zeitschrift geben wird, bleibt abzuwarten.

Der Traum von einem reformierten Sozialismus hatte die Frauen beflügelt, hatte ihre Kräfte und Kreativität mobilisiert: »Frauen sind mutig stark schön«, war der Slogan, mit dem der Unabhängige Frauenverband (UFV) 1990 in den Wahlkampf zog. Heute schwanken Frauen zwischen Resignation und Wut.

Was die Zukunft bringt, wird sich zeigen.

Anmerkungen

1 »Die Mutti des Monats«, eine Reihe der »BZ«, im Juni 1992.

2 »Bild der Frau« vom 22.3.1993

3 Institut für Demoskopie Allensbach (Hg.), Frauen in Deutschland – Lebensverhältnisse, Lebensstile und Zukunftserwartungen. Die Shering Frauenstudie 93. Köln 1993.

4 Fakta Frauenmedienbüro: Marktanalyse zur Anzahl und zum Informationsbedarf von Frauen, die Arbeitsplätze schaffen, schaffen könnten oder bereits geschaffen haben. Berlin 1992 (unveröffentlicht).

5 Prof. Kurt Mehlan, Gründer und Direktor des Instituts für Sozialhygiene Rostock, gilt als Nestor der DDR-Fristenlösung. Durch jahrelange internationale Vergleiche und Analysen des Abbruchsverhaltens von Frauen hatte er immer wieder wissenschaftlich nachgewiesen, daß eine Fristenlösung das beste für Geburtenpolitik und Frauen sei. Er arbeitete im ZK mit und war maßgeblich an der Erarbeitung und Durchsetzung des Gesetzes beteiligt. Interview von Katrin Rohnstock mit Professor Kurt Mehlan. Ahrenshoop im Sommer 1991.

6 Christine Eifler: Sozialwissenschaftliche Frauenforschung in den neuen Bundesländern. Berghofstiftung für Konfliktforschung. Berlin 1992.

7 Ilse Nagelschmidt: Frauen fragen, wer sie sind. In: »Einspruch«, Leipziger Hefte, Leipzig 2(1992)4, S. 43.

8 Siehe Anmerkung 4.

Man sieht sich auf die Beine

Am 8.März ist Frauentag.
Was macht die Schwester im Westen[1]

Man hat mir die Autopapiere geklaut. Die Zulassungsstelle am Alex steht voll wartender Männer. Grummelnde Angestellte im Anorak, viel Bart, wenig Haar, untersetzte Unternehmer, verschwitzte Bierdosenhalter, schweigsame Vietnamesen. Erkennbarer Osten. Als endlich einer der wenigen Stühle frei wird und ich mich setzen will, legt ein Dicker die Hand drauf und winkt einen Kumpel herbei. Vorher hörte ich im Radio, daß sich die Schauspielerin Ingrid Steeger von ihrem Mann getrennt hat, weil der nur hinter ihrem Geld hergewesen sein soll. Der junge Moderator vom Privatsender kommentiert lachend, die solle sich nicht wundern, die sei über vierzig, also schrumpelig, da müsse sie halt für die Liebe bezahlen. Und kein Blitz schlägt ein, der Typ wird nicht entlassen, sondern schiebt die nächste CD rein.

Mit der zunehmenden Ruppigkeit im Alltag hat sich auch die Beziehung zwischen Männern und Frauen geändert. Oder war das früher auch so und ist mir nur nicht so aufgefallen, weil ich jünger war? Ich habe mich nie sonderlich für Frauenprobleme interessiert. Nicht unter dieser Rubrik. Die Bilder damals aus dem Westen waren rätselhaft: Radikale Frauen, die Männer aus ihren Versammlungen hochkant rausschmissen, Feministinnen, die den sogenannten Schwanzabschneider als Halsschmuck trugen. Ein, wie mir schien, verlustreiches Unternehmen. Heute noch irritieren mich das große »In« und »Innen« hinter dem männlichen Stammwort oder die Einführung einer »ökologisch-feministischen Ingenieurswissenschaft« an der TU Berlin. Verunsichern mich wie die vielen Schattierungen der Abgrenzung zwischen Mann und Frau – feindselige Scharmützel. Aber ich begreife inzwischen, daß Frauen sich wehren müssen, denn die Entscheidungen werden von einer Macht mit Schlips am Hals getroffen.

Auf Top-Positionen sind Frauen eine jämmerliche Minderheit. Frauen werden in derzeit 324 deutschen Frauenhäusern vor dem Schläger daheim geschützt. Zwei Drittel der Arbeitslosen im Osten sind Frauen, und die Frauen im Osten bekommen immer weniger Kinder, weil sie ihre Lebensperspektive für unsicher halten.

Auch im abgestürzten Sozialismus wucherten Deformationen: Stufenweise geschichtet wie die Fischer-Chöre, posierten alte Männer als sowjetisches Zentralkomitee und boten auf Titelseiten den Beweis einer höchst einseitigen Verteilung der Macht. Fotos wie aus Reservaten und Geheimbünden, allerdings auch sehr ähnlich einer Jahreshauptversammlung der Mannesmann-Aktionäre.

In der DDR ermöglichten die sozialpolitischen Maßnahmen den berufstätigen Frauen, die Doppelbelastung von Arbeit und Haushalt auszuhalten. Für die Männer änderte sich dadurch gar nichts. Frauen hatten im Schnitt 25 % weniger Lohn, 75 % der Hausarbeit. Und die Anerkennung am 8. März, am Internationalen Frauentag.

Schon lange vorher waren Schnittblumen ausverkauft, gebunkert für die offiziellen Feiern. Bei meinen Arbeitsstellen war das Ritual immer dasselbe: Die Frauen wurden in den Raum gebeten. An jedem Platz lagen eine Konfektschachtel und ein chinesisches Frotteehandtuch. Nie was anderes, all die Jahre. Die älteren Männer oder jedenfalls die, die sich nicht wehren konnten, wurden dienstverpflichtet. Sie schoben sich ein kariertes Geschirrtuch in den Hosenbund und gossen uns mit spaßhaften Bemerkungen den Kaffee ein. Der Chef tanzte eine Runde mit der dicken Köchin und wechselte dann fliegend auf die junge Praktikantin. Wir nahmen es gelassen. Einmal im Jahr hielt man das schon durch. Leere Rituale. Was nun?

Was macht die Schwester im Westen? Wieviel Mon chéri verträgt denn sie zum Muttertag? Ich begegne dort einem weiter aufgefächerten Lebensentwurf mit der überraschenden Gemeinsamkeit, daß er sich von Männern mehr oder weniger abgrenzt: Freiwillige Hausfrauen schaffen sich ihren Entscheidungsbereich, Berufstätige den Freundinnenzirkel, Entschlossene sogar eine Frauenwelt mit eigenen Zeitungen, Filmen, Büchern, Führerscheinschulen, Kneipen.

Keine Frage, in der Selbstorganisation sind die West-Frauen denen im Osten voraus. Aber es weht auch ein Hauch von Trauer und Amputation durch die Beziehungen. Von ihrem »Bekannten«

spricht eine Freundin, wenn sie ihren Freund meint, über Liebes-
geschichten wird eher kühl und vernünftig als leidenschaftlich
erzählt. Mehr getrennte Urlaube, mehr getrennte Wohnsitze. Weniger Kinder. Eheverträge. Insgesamt mehr Distanz. In München
leben schon in 60% der Haushalte Singles. Bindungsverluste durch
Bindungsängste.

Könnte es sein, daß der feministische Aufbruch auch Verluste
brachte? Einen Zerfall der Geschlechterrollen ohne erkennbare
lebenslustige Alternative?

Verunsicherte Männer trauen sich nicht mehr, einer Frau in den
Mantel zu helfen. Ein anerkennender Pfiff auf der Straße gilt als Sexismus. Ich denke da anders – so lange einer pfeift, ist alles in Ordnung. Nach meinen Erfahrungen fehlt es den Frauen überall eher an
Zuwendung als an deren Übermaß. Will wirklich keine angesprochen werden? Man kann doch nein sagen. Ich frage mich, wie die
Frauen im Westen überhaupt Männer kennenlernen.

In der Frauenredaktion eines Fernsehsenders lobten die Redakteurinnen einen Film bei der Abnahme in höchsten Tönen, aber als der
männliche Chef hereintrat und eine gegensätzliche Meinung hatte,
widersprach keine, alle schwiegen, wenn auch mit hektischen Wan-
genflecken. Mich hat bestürzt, wie unmittelbar die berufliche Abhängigkeit auch diese erklärt feministischen Frauen dem männlichen
Machtwort unterwarf.

Ich weiß nicht, wie die Frauen aus dem Westen auf uns aus dem
Osten sehen. In einer Fernsehdokumentation erzählt eine Ladenbe-
sitzerin, daß wir nicht gut riechen und immer noch diese lächerli-
chen Tupfenstrumpfhosen tragen. Wir sehen uns auf die Beine und
stehen unsererseits verständnislos vor der Erfolgsfrau im Westen,
die, durchkomponiert von Kopf bis Fuß, sich innerlich bedeckt hält.
Ganz cool. Sehr, sehr langsames Sprechen. Sie lacht nicht, sie lächelt
andeutend. Ich weiß nie, was sie denkt, aber sie weiß Bescheid. Kein
Rankommen. Fremder als ein fremder Mann. Wir werden uns noch
kennenlernen.

Anmerkung

1 Dieser Beitrag erschien als Kolumne in der »Wochenpost« 10/1993. Wir danken für die freundliche Genehmigung des Abdrucks.

Elke Diehl (West)
An die -Innen gewöhnen
Sprache als Ausdruck gesellschaftlicher Realität

> »Die Sprache wirkt als mittelbare, indirekte
> Gestalterin der gesellschaftlichen Wirklichkeit.
> Sie beeinflußt unser Denken und Handeln in
> solcher Weise, daß in einer Gesellschaft, die für die
> Gleichberechtigung, gegen die Diskriminierung
> der Frau eintritt, sich niemand leisten kann,
> Frauen nur ›vielleicht‹ oder ›manchmal‹ oder nur
> ›an bestimmter Stelle‹ sprachlich auszuweisen.«
> *Antje Schmidt,* »Sprachpflege und Sprachkultur«,
> Leipzig, 3/1990

> »Wir eignen uns unsere Sprache an, wir werden
> Sprachbesetzerinnen, Sprachbesitzerinnen, wir
> enteignen die Sprachgewaltigen, nehmen ihnen die
> Worte aus dem Mund, schlagen ihre Redeverbote
> in den Wind, nehmen uns Raum in der Sprache,
> ermächtigen uns unserer Sprache.«
> *Senta Trömel-Plötz,* »Vatersprache – Mutterland«,
> München 1992

Als nach dem Wegfall der Grenzen die deutsch-deutschen Begegnungen von Frauen erstmals ungehindert und zahlreich stattfanden,
schlichen sich nach dem ersten Eindruck des »Wiedersehens« sozusagen auf den zweiten Blick Zweifel an der sprachlichen Einheit ein.

Da war von Kaufmännern, Studenten, Technikern und Ärzten die
Rede, obwohl diejenigen der Schwestern-Ost, die das Wort im Munde führten, mit diesen Bezeichnungen zweifellos sich selbst meinten.
Das weibliche Geschlecht schien, und das war das Auffällige daran,
in der »Vatersprache« der früheren DDR so gut wie nicht vorzukom-
men. Mehr als drei Jahre nach der staatlichen Einheit hat sich die
Sprache »Göttin sei Dank« (so gelesen 1992 in der Leipziger Frauenzeitschrift »Zaunreiterin«) in vielfacher Hinsicht verändert.

Bereits während der politischen Wende in der DDR ist die »langue
de bois«, die hölzerne Sprache der bis dahin Herrschenden durch eine von oppositionellen Gruppen geformte flexiblere und authenti-

sche Sprache der Wende sukzessive verdrängt worden. Weibliche Personen- und Berufsbezeichnungen sowie das große I hielten massenhaft Einzug in Meldungen und Berichte von ADN, »Neues Deutschland«, »Junge Welt«, »Für Dich« und andere Publikationen. Diese Tendenz hat sich zunehmend verfestigt. Hand in Hand mit der Pluralisierung der Lebensformen setzte ein Differenzierungsprozeß weiblicher Lebensmodelle ein, der auch im Wandel der Sprache zum Ausdruck kam.

Gleichwohl wurde das Thema in den neuen Bundesländern bisher kaum öffentlich diskutiert.

Es entstanden zahlreiche Frauengruppen, nach dem Vorbild der Runden Tische wurden Frauenstammtische gegründet, und neue von Frauen gemachte Zeitschriften dokumentieren das Sichtbarmachen von Frauen in der Sprache. Ein Beispiel für die neuen Kommunikationsformen ist der als Informationsblatt von Frauen für Frauen herausgegebene »Weibblick«, dessen Herausgeberin zuweilen im Impressum auch schon mal »Unabhängige Frauenverbändin« genannt wird. Der Unabhängige Frauenverband (UFV) hat neben vielen anderen Frauengruppen aufgrund seiner Vorgeschichte eine Vorreiterrolle gespielt. Als einzige Frauenvertretung gehörte er zu den Stimmen der »neuen Kräfte« aus dem Widerstand, die an den Sitzungen des Zentralen Runden Tisches der DDR teilnahmen. Er versteht sich als Teil einer weltweiten Frauenbewegung, der sich insbesondere für die gesellschaftliche Gleichstellung der Frauen und neue herrschaftsfreie Lebens- und Kommunikationsformen einsetzt. In diesem Sinne ist der »Weibblick« ein Forum für den Gedankenaustausch, und es werden im »Weibblick« feministische Sprachformen wie die totale Feminisierung, allenfalls abgemildert durch das große I, selbstverständlich praktiziert und von daher nicht mehr diskutiert.

Diese erfreuliche Interpretation der Sprache aus weiblicher Sicht, die hier wie andernorts in Broschüren und Faltblättern ins Auge springt, ist allerdings das Werk einer Minderheit. In Berlin erfuhr ich im Gespräch mit der »Weibblick«-Redakteurin Annette Männel, daß es die problembewußten und für patriarchalische Machtverhältnisse sensibilisierten Frauen sind, die sich unter den neuen Bedingungen zusammenschließen und mit frauenpolitischen Ambitionen in die

Öffentlichkeit gehen. Damit verbinde sich automatisch eine andere Sprache, die aber auf bestimmte Kreise beschränkt bleibe. Ein Austausch mit nicht zu diesem Personenkreis gehörenden Frauen finde nicht statt. Die Gründe dafür, daß die Mehrheit der Frauen weitgehend an einer von Männern geprägten Sprache festhält, dürften nach Ansicht der Ost-Redakteurin vor allem in der Vergangenheit liegen. Über Jahrzehnte war das Leitbild in der DDR die Frau, die im Beruf »ihren Mann steht«. Entsprechend hoch war die Erwerbstätigkeit von Frauen. Anders als im Westen, wo weibliche Rollenbilder und Lebensmodelle kritisch diskutiert wurden, orientierte sich Frauenpolitik in der DDR vorwiegend an dem herrschenden Männlichkeitsideal – was ihre Leistungen nicht in Abrede stellen soll. Die reglementierte öffentliche Kommunikation war das sprachliche Abbild dieser vermännlichten Gesellschaft und war demnach nahezu frei von weiblichen Personen- und Berufsbezeichnungen.

Die Situation nach der Wende beschreibt die Bundestagsabgeordnete Christina Schenk aus den neuen Bundesländern auf einer Tagung des Unabhängigen Frauenverbandes, die im November 1992 in Berlin stattfand: Auch »die Beseitigung der DDR und die marktwirtschaftliche Neuorganisation Ostdeutschlands vollziehen sich nicht geschlechtsneutral«. Die Arbeitslosenquote von Frauen ist fast doppelt so hoch wie die der Männer. Angefangen von Wohnungssituation, Arbeitsplatz, Kinderbetreuung, sozialen Sicherheiten bis hin zu Errungenschaften wie dem straflosen Schwangerschaftsabbruch haben die Frauen in den neuen Bundesländern reale Verluste zu beklagen und unzählige Bewährungsproben zu bestehen. In einer Zeit, in der viele das Gefühl haben, den Boden unter den Füßen zu verlieren, ist es nachvollziehbar, daß ein Großteil der Frauen an den alten Sprachstrukturen festhält. Der Verzicht auf bisherige Sprachgewohnheiten würde als doppelter Verlust empfunden, der mit dem Bruch von bisherigen Wertvorstellungen auch die eigene Identität in Frage stellt.

Die Mehrheit der Frauen stolpert deshalb über die Endsilbe »in«, sie reagiert zurückhaltend bis ablehnend.

Die Beweggründe, die hinter dieser Haltung stehen, erscheinen verständlich. Der Wunsch nach Anpassung an den gesellschaftlichen Mainstream oder ein etwaiger Mangel an Zivilcourage ist jedoch nicht allein typisch für Ost-Frauen. Als mögliche Motive würden sie außerdem nicht erklären, warum viele Frauen auch dann auf feminine Endungen verzichten, wenn ihr Gebrauch nicht mit eventuellen Nachteilen verbunden wäre. Vielmehr scheint die Schmerzgrenze längst erreicht zu sein, jenseits derer jede zusätzliche Änderung von Lebensgewohnheiten nur als eine weitere Zumutung empfunden wird. Auch wenn die gegenwärtig noch vorherrschende Verweigerungshaltung vieler Frauen aus den neuen Bundesländern akzeptiert werden muß, überzeugt sie auf Dauer nicht. Wie sie empfinden auch viele West-Frauen Unbehagen über den mißlungenen frauenpolitischen Neubeginn – etwa in der Frage des Schwangerschaftsabbruchs – und den gegenwärtigen Zustand, der von Ost-Frauen zum Teil wie ein gesellschaftlicher Rückschritt erlebt werden muß. Es würde aber weder einer konstruktiven Vergangenheits- noch Gegenwartsbewältigung dienen, wenn die Enttäuschung über diese Verluste zu einer trotzigen Alles-oder-nichts-Haltung führt nach dem Motto: Wenn wir das nicht bekommen, was wir wollen, wollen wir auch das nicht, was wir bekommen können.

Was die Kongruenz von Genus und Sexus angeht, so habe ich in diesem Zusammenhang mehrfach das Argument gehört, die Form sei doch unwichtig, schließlich komme es auf den sachlichen Inhalt des Gesagten an. Genau, darauf kommt es an! Und dieser Inhalt ist eben ein anderer, je nach dem, ob Frauen sich explizit benennen oder ob sie nur »mitgemeint« sind. Sprachliche und inhaltliche Ausgrenzung hängen genauso eng zusammen wie sprachliche und inhaltliche Wahrnehmung. Dort, wo nur von Männern die Rede ist, kommen auch in unserer Vorstellung häufig nur Männer vor. Eine derart verbogene Sprache schafft eine Scheinwirklichkeit, die die Realität zuungunsten von Frauen verzerrt. Die Forderung nach einer menschengerechten Sprache betrifft deshalb auch die eigene Würde und Selbstachtung. Es ist eine Form von kollektiver sprachlicher und damit realer Ausgrenzung, wenn einem »Fräulein« der »akademische Grad Diplomphysiker« verliehen wird (so geschehen 1988 an der Leipziger Karl-Marx-Universität).

Davon abgesehen ist der Verzicht auf weibliche Endungen schlicht grammatikalisch unrichtig. Genauso wie die deutsche Sprache über mehrere Fälle verfügt, von denen nicht nach Belieben einer unter den Tisch fallen kann, so verfügt sie über drei Geschlechter. Es erscheint geradezu widersinnig, daß ausgerechnet dann, wenn – wie im Fall einer (weiblichen) Sprecherin – Genus und Sexus übereinstimmen, auf die feminine Endung verzichtet wird. Diese immer noch häufiger von Ost- als von West-Frauen geübte Praxis ist es, die sprachbewußten Ost- und West-Frauen jedesmal einen Stich versetzt.

Gerade in den neuen Bundesländern müssen Frauen eine Fülle von neuartigen Erfahrungen machen und sind einem verschärften Verteilungskampf ausgesetzt. Sollte es da – so wird häufig argumentiert – keine wichtigeren Probleme als die Sprache geben?

Hierzu mag ein kurzer Rückblick auf den Herbst 1987 erhellend sein, als in der damaligen Bundesrepublik auf Bundesebene eine Arbeitsgruppe eingerichtet wurde, um die Rechtssprache als Amts-, Verwaltungs- und Vorschriftensprache auf die Forderung nach Gleichstellung von Frauen und Männern zu untersuchen. Wie aus dem Bericht der Arbeitsgruppe[1] hervorging, wurde darin als Grundforderung anerkannt: »Wenn Frauen gemeint oder mitgemeint sind, muß dies sprachlich unmißverständlich zum Ausdruck kommen. Wird eine Frau angesprochen, muß sie sich durch die Anredeform bezeichnet fühlen.« Die Tatsache, daß sich auf Bundesebene eine interministerielle Arbeitsgruppe mit dieser Thematik befaßte, spiegelte die zunehmende Bedeutung wider, die den Forderungen nach sprachlicher Gleichstellung von Frauen und Männern eingeräumt wurde. Was für die Amtssprache gilt, sollte erst recht auf den öffentlichen und privaten Sprachgebrauch zutreffen. Indem die Sprache auch Schöpferin unseres Wirklichkeitsbildes ist, gestaltet sie mittelbar unsere gesellschaftliche Realität. Dabei ist die Sprache ein so kostbares Gut, daß der Anspruch auf Strukturen, die Frauen und Männer gleichbehandeln, einen Wert an sich darstellt. Dieser nimmt sogar Verfassungsrang ein, da er sich neben anderen Verfassungsartikeln aus dem Gleichberechtigungsgebot des Grundgesetzes ableitet. Er ist damit nicht vergleichbar oder aufrechenbar mit anderen Werten. Die (nicht nur) in den neuen Bundesländern verbreitete Meinung, die »eigentlichen Probleme« würden mit Sprachkritik nicht angepackt, geht deshalb am Kern der Sache vorbei und stellt einen falschen Ansatzpunkt dar.

Auch wenn im einzelnen umstritten ist, inwieweit Sprache gesell-schaftliche Realität schafft, widerspiegelt oder im komplexen Zu-sammenhang mehrerer Ursachen steht, so ist sie doch sinnbildlicher Ausdruck unseres Denkens, ständig im Fluß und sich verändernd. Die Richtung bestimmen wir selbst. Die verbale Geringschätzung von Frauen haben wir von frühester Kindheit an verinnerlicht. Sie ist so tief in unserem sprachlichen Bewußtsein verankert, daß wir uns nur schwer dagegen wehren können und es eines erneuten Be-wußtseinsprozesses zu ihrer Veränderung bedarf. Zwar können sprachliche Formulierungen nicht direkt die Gleichstellung von Frauen herbeiführen. Eine gleichberechtigte Sprache enthält jedoch den Anspruch auf faktische Gleichberechtigung. Und den sollten wir Frauen uns nicht nehmen lassen.

Kaum eine Frau wird ernsthaft die tiefere Bedeutung von bestimm-ten Wörtern und sprachlichen Formulierungen abstreiten und deren Beliebigkeit behaupten. Die Sprache brachte es nicht erst im Dritten Reich an den Tag. Sie drückte schon immer Macht- und Gewaltver-hältnisse aus und hatte Botschaftsfunktion. So ist es eben ein Unter-schied, ob von Asylanten statt von Asylsuchenden, von Kündigung statt euphemistisch von Freisetzung oder Abwicklung die Rede ist. Genauso ist es ein Unterschied, ob ein Volk in der Sprache nur aus Männern besteht, wobei Frauen übersehen, verschwiegen und aus-gegrenzt werden, oder ob Frauen und Männer gleichberechtigt sprachlich widergespiegelt werden. Die scheinbar neutralen Berufs-bezeichnungen »Arbeiter, Politiker, Ärzte« usw. sind, wie Senta Trömel-Plötz ausführt, unkorrekte Bezeichnungen, da sie uns »pro forma einschließen, de facto aber ausschließen«.

Die einer Veränderung der Sprache zugrundeliegenden Kräfte waren in DDR und BRD an unterschiedliche gesellschaftspolitische Rah-menbedingungen geknüpft. Nur so ist zu erklären, daß das in der DDR ungleich früher ausgebildete Problembewußtsein für die Aus-wirkungen patriarchalisch geprägter Strukturen auf die Sprache dort auf so wenig Resonanz stieß.

Denn eine kritische Auseinandersetzung mit den »sprachlichen Reflexen jahrtausendealter Männerherrschaft« – wie die frühere DDR-Autorin Gisela Trempelmann[2] in den 80er Jahren die »Auswirkungen der patriarchalischen Gesellschaftsstruktur auf die Sprache« umschrieb – hatte in der DDR, wenn auch von der breiten Bevölkerung weitgehend unbemerkt, immerhin schon in den 50er Jahren begonnen.

Damals sorgten – wie die Zeitschrift »Sprachpflege« dokumentierte – bahnbrechende Arbeiten von Männern für den Beginn einer wissenschaftlichen Auseinandersetzung über die (Un-)Zulässigkeit des maskulinen Genus als Oberbegriff für weibliche Personen- und Berufsbezeichnungen. Bereits 1956 erreichten die Zeitschrift zahlreiche Anfragen von LeserInnen, in denen Kritik an der männlichen Form von staatlichen Auszeichnungen wie »Held der Arbeit«, »Verdienter Aktivist« u.a. laut wurde, wenn diese Ehrentitel an Frauen verliehen werden sollten. Dies war der Ausgangspunkt für eine wissenschaftliche Auseinandersetzung, in der erstmals Johannes Klewitz[3] auf die Unzulässigkeit des maskulinen Genus für weibliche Ehrentitel und Personenbezeichnungen hinwies. Jede anderslautende Praxis bezeichnete er als »eine vom natürlichen Sprachgefühl abgelöste Abstraktion und damit einen Fremdkörper in unserer Muttersprache«. Sein Urteil hinsichtlich der Verwendung von männlichen Bezeichnungen wie Bürgermeister, Maler, Schlosser für Frauen lautete: »Wenn man sie für weibliche Personen verwendet, so liegt« darin »keine Gleichbewertung, sondern eine unbewußte Minderbewertung.«

In der Folgezeit waren sich KritikerInnen wie BefürworterInnen der gängigen öffentlichen Sprachpraxis darüber einig, daß nahezu alle Berufsbezeichnungen für Frauen nur in maskuliner Form in den Wortschatz der DDR eingegangen waren und daß dieser Fakt die historische Ungleichheit von Frauen und Männern widerspiegelte. Die Sprachgewohnheiten, die von vielen BürgerInnen schon damals als nicht mehr zeitgemäß empfunden wurden – wie in den bei der Zeitschrift eingegangenen kritischen Argumenten und kreativen Änderungsvorschlägen zum Ausdruck kam –, konnten jedoch nicht erschüttert werden. Trotz zahlreicher Aufsätze und LeserInnenbriefe blieb es in Amtssprache und Massenmedien beim Genus commune, also der männlichen Form einer Bezeichnung als Oberbegriff. Auch auf Betriebs-, Partei- und Gewerkschaftsversammlungen sowie in Lehrbüchern herrschte eine männlich geprägte Sprache. Die staatliche Sprachlenkungspolitik orientierte sich an einer vermännlichten Gesellschaft. Zur Begründung führte Henrik Becker[4], Direktor des Instituts für Sprachpflege und Wortforschung der Friedrich-Schiller-Universität Jena, bereits 1957 aus, die Regierung der DDR bringe ihre »Achtung vor der Frau« gerade dadurch zum Ausdruck, daß sie abgeleitete weibliche Wörter zu vermeiden suche. Diese Haltung führte dazu, daß von administrativer Seite eine Bearbeitung der subtilen Mechanismen patriarchaler Herrschaft, wie sie in der Sprache zum Ausdruck kommen, abgeblockt wurde. Da eine autonome Interessenartikulation weitgehend unterbunden wurde, fehlte kritischen Linguistinnen eine entsprechende Basis, die dem herrschenden Männlichkeitsideal ihr eigenes Sprachverständnis hätte entgegensetzen können. Die wirtschaftliche Unabhängigkeit der Frauen und deren berufliches Selbstbewußtsein führten nicht zu einem eigenen »weiblichen Blick«, der sich von dem alltäglichen sprachlichen Sexismus mit Befremden hätte abwenden können.

Aus westlicher Sicht hat es in der früheren DDR keine nennenswerte Frauenbewegung gegeben. Zwar erfahren jetzt West- von Ost-Frauen, daß sich schon lange vor dem Fall der Mauer kleine Gruppen von Frauen zusammenfanden und über Frauenthemen diskutierten und somit den Boden für ein neues Frauenselbstverständnis der Wendezeit vorbereiteten. Jenseits der staatlichen Frauenpolitik hatte es Frauenseminare, Frauenzeitschriften und durch verschiedene Formen der Zusammenarbeit eine Art Netzwerk untereinander gegeben. Ihre Vertreterinnen waren jedoch vom öffentlichen Diskurs so gut wie ausgeschlossen. Irene Dölling[5] schreibt über die frühere DDR: »Der weitaus größte Teil der Frauen« identifiziere »sich nicht mit emanzipatorischen oder feministischen Ideen und Strategien und lehnt sie sogar ab.«

Sofern sich hieraus für die Entwicklung einer eigenen Sprachkultur ein gewisser Nachholbedarf ergeben sollte, hätten Ost-Frauen den Vorteil, daß sie in kritischer Reflexion ihrer eigenen Geschichte an die Zeit anknüpfen könnten, in der in der früheren DDR selbst das Fundament für eine frauenfreundliche Linguistik gelegt wurde. Es ist der Zeitschrift »Sprachpflege« zu verdanken, daß sie auch »systemkritische« Beiträge veröffentlichte und sich hin und wieder als Forum für kritische BürgerInnen und LinguistInnen zur Verfügung stellte[6].

Der den Artikeln zugrundeliegende emanzipatorische Anspruch an die Sprache konnte sich aber wegen der staatlich legitimierten Verfestigung patriarchaler Strukturen in allen gesellschaftlichen Bereichen über diese »Nischenexistenz« hinaus nicht durchsetzen.

Im Vergleich zur DDR geschah in der BRD der Aufbruch zu einer kritischen Sprachanalyse rund 20 Jahre später. Dort wurde erst Mitte der 70er Jahre die sprachliche Ungleichbehandlung von Frauen thematisiert.

Zahlreiche Publikationen, Fachtagungen, über feministische Kreise hinausgehende Veranstaltungen, Richtlinien, Resolutionen und Anhörungen bis hin zu Bundestagsdebatten über die Reformbedürftigkeit der deutschen Sprache säumten dafür die dornenreiche Wegstrecke weg von einer männerzentrierten und hin zu einer frauenfreundlichen Sprache. Auch öffentlich gemachte Lernprozesse von und durch Medienfrauen waren Schritte in diese Richtung. All dies bewirkte, daß die Öffentlichkeit allmählich sensibler für die Problematik wurde. Obwohl sich der allgemeine Sprachgebrauch nur langsam verändert hat, ist doch vieles, was früher gefordert wurde, inzwischen als berechtigt anerkannt und verwirklicht worden. Der in Gang gesetzte Sprachwandel führte auch dazu, daß mittlerweile zahlreiche Landesregierungen Gesetze und Richtlinien verabschiedet haben, die zur Verwirklichung einer Gleichbehandlung von Frauen und Männern in der Gesetzes- und Verwaltungssprache zumindest sicherstellen sollen, daß die männliche Form einer Bezeichnung nicht mehr als ein die weibliche Form einschließender Oberbegriff angesehen werden kann. Zahlreiche darüber hinausgehende Empfehlungen von Frauenministerien und Gleichstellungsbüros enthalten phantasievolle Anleitungen zum Gebrauch einer »geschlechtsgerechten« Sprache. Auch auf kommunaler Ebene stehen die Städte nicht zurück. So hat kürzlich der Wiesbadener Magistrat das große I als amtliche Verwendungsmöglichkeit beschlossen und damit behördlich etabliert.

Trotz vieler kleiner Erfolge ist der feministische Sprachwandel in Ost und West von einem Siegeszug weit entfernt und kann der erreichte Standard nicht als gesichert angesehen werden. Neben (vielen) ignoranten Männern gibt es auch (wenige) »schreckliche

Frauen« (Zitat Heide Pfarr), etwa solche, die Wert auf den Titel »Chefredakteur« legen. Nach meinen Erfahrungen, läßt sich eine frauenbewußte und -gerechte Sprache nicht mehr ausschließlich nach Ost-West-Kategorien aufteilen. Während in der DDR auf wissenschaftlicher Ebene die sprachliche Diskriminierung frühzeitig thematisiert worden war, sich eine Veränderung aufgrund der rigiden Sprachlenkungspolitik aber nicht durchsetzen konnte, war es diesseits der Elbe genau umgekehrt. Auf diesen unterschiedlichen Rahmenbedingungen, innerhalb derer sich die sprachliche Entwicklung in beiden deutschen Staaten vollzog, beruht der unterschiedliche Feminisierungsgrad der Sprache. Er läßt sich aber gegenwärtig nur noch in quantitativer, nicht mehr in qualitativer Hinsicht beobachten. Das heißt, die Kreise von Frauen und Männern, die in jeweils unterschiedlichem Umfang eine frauenfreundliche Sprache entweder praktizieren oder ablehnen, unterscheiden sich bei jeweils gleichem Feminisierungsgrad der Sprache in Ost und West nur noch von ihrer zahlenmäßigen Stärke.

Die ursprünglichen Sprachgrenzen haben sich seit langem verwischt. Das Trennende, aber auch das Verbindende unserer instandgesetzten Muttersprache hat sich von ehemaligen staatlichen Grenzen längst gelöst und verläuft entlang von Bewußtseinsgrenzen. Nur eine – wenn auch unterschiedlich große – Minderheit der Frauen in Ost und West hat das Bewußtsein für sprachliche Feinheiten entwickelt. Die Mehrheit bedient sich nach wie vor einer Männersprache. Insofern existiert eine sprachliche Teilung, deren Grenze zwischen Mehrheiten und Minderheiten verläuft. Es ist eine Minderheit gewesen, die in den neuen und alten Bundesländern viel erreicht hat und hoffentlich noch viel erreichen wird. Innerhalb dieser Minderheit erfahren Ost- und West-Frauen miteinander die Gemeinsamkeit, daß beide im wahrsten Sinne des Wortes dieselbe Sprache sprechen und daß sie sich bei der Durchsetzung ihrer Forderungen auch gegenseitig helfen können.

In Frauengruppen engagierte Ost-Frauen sind sich bewußt, daß sich die Frauenbewegung in den neuen Bundesländern auf wenige Frauen konzentriert und keine feministische Massenbewegung ist, daß aber auch wenige Frauen viel erreichen können. Nach Jahrzehnten des von Massenorganisationen geprägten öffentlichen Lebens wird von einem Teil der Frauen die Zugehörigkeit zum Feminismus als Zugehörigkeit zu einer Art Elite erlebt und bewußt gepflegt. Gleichzeitig wächst in den neuen Ländern das Potential an Frauen, die sich mit neuem Selbstbewußtsein zusammenschließen, aktiv für ihre Belange kämpfen wollen und sich von einer Politik der kleinen Schritte nicht entmutigen lassen. Im Zuge eines sich anbahnenden und immer mehr Frauen umfassenden Bewußtseinswandels wachsen gute Ausgangsbedingungen für einen Sprachwandel. Dafür wünsche ich mir in Ost und West möglichst viele Sprachpionierinnen, Sprachbesetzerinnen und Sprachbesitzerinnen, die sich mehr und mehr Raum in der Sprache erobern.

Anmerkungen

1 Bericht der Arbeitsgruppe Rechtssprache vom 17.1.1990, Bundestagsdrucksache 12/1041 vom 7.8.1991, S. 7.

2 Gisela Trempelmann: »Hausfrau und Hausmann«, Sprachpflege 3/1987, S. 32; dies.: Brüderlichkeit – Schwesterlichkeit, Sprachpflege 12/1988, S. 173.

3 Johannes Klewitz: Sind Ehrentitel und Berufsbezeichnungen in der männlichen Form für Frauen wider Geist und Grammatik unserer Sprache?, Sprachpflege 9/1957, S. 129.

4 Henrik Becker: Sprachpflege 9/1957, S.131.

5 Irene Dölling, zitiert nach: Peggy Watson: Osteuropa: Die lautlose Revolution der Geschlechterverhältnisse. In: Das Argument 202/1993, S. 864.

6 Ausführlich dazu: Elke Diehl: Ich bin Student. Zur Feminisierung weiblicher Personen- und Berufsbezeichnungen in der früheren DDR. Deutschland Archiv 4/1992, S. 384ff.

Die Freundin

Vorbemerkung zum Text von Ines Geipel

Als ich im Sommer 1989, kurz nach der Geburt meiner Tochter, erfuhr, daß Ines Geipel in den Westen *gegangen* war, wurde ich bewußtlos. Ich konnte nicht fassen, daß *mich* die Freundin verließ. Bei unserem letzten Gespräch im blühenden Garten meiner Eltern, ich mit kugelrundem Bauch, diskutierten wir noch einmal die Reformchancen der DDR. Ich hatte keine Hoffnung und teilte ihr dies unumwunden mit. Sie war längst entschieden. Ahnungslos bestätigte ich sie und gab ihr Gewißheit.

Monate später erhielt ich einen Brief.

Im Dezember, als ich erstmalig auf einen Kongreß in den Westen flog, trampte ich nachts nach Frankfurt-Höchst, wo sie in der Klinik lag. Ich ging zu ihr, vorbei an Obdachlosen, die auf U-Bahn-Bänken schliefen. Obdachlose hatte ich noch nie gesehen.

Sie erwachte aus der Narkose, konnte auch deshalb kaum sprechen.

Wir weinten und wußten nicht: vor Freude oder Trauer.

Wir hatten zusammen gelebt, sie an den Hängen, ich im Tal der Saale. Einander Heimat.

Sie sagte, ich hätte sie verlassen, als ich *gehen* wollte, als ich nach Berlin gegangen war.

Wir finden uns wieder. Wir suchen uns.

Ich bat sie, die auf beiden Seiten Deutschlands gelebt hat, um einen Beitrag für dieses Buch.

Ihre Sprache suchend, schrieb sie den nachfolgenden Text.

Es ist eine Position, die unsere Kategorien von »Ost« und »West« der Flüchtigkeit von Aktualität bezichtigt, die sich der Vermarktung von Denken und Sprache widersetzt.

diese geschichte sucht sich einen anfang. ein zeichen vielleicht oder eine gewißheit. warum nicht auch ein gesetz. wer soll das sagen.
der anfang könnte sich in alles legen, über alles schieben, mit allem sich bedecken. immerhin.

auch könnte diese geschichte mit einer geschichte anfangen, natürlich mit einer reise ans meer, einer erinnerung, mit einem ohnmächtigen signal.

oder ganz einfach. die geschichte beginnt, das ist schließlich immer möglich, mit einem mythos. er, der uns wissen läßt, daß es anderes gibt, dennoch und immer anderes.

addition verhakter Träume

weißt du … doch doch … du weißt …
hatten oft, hatten früher ihn oft erwähnt, den namen.
warum. als ob, ja – ja natürlich oft genannt. ganze geschichten um ihn. diesen namen. warum eigentlich warum …
geh geh … zurück: zurück … versuch es.
DAVOR
… GAIA breitet sich nur aus, treibt, gewinnt, füllt aus, wo das CHAOS in seine bewegung fällt, bildet knoten und KEIMT. sie.
GAIA gleicht dem wellenspiel zwischen den meeren, genügt dem wechsel unter den höhen und dem verstehen.
zu ihr weiten sich die blicke, und gaia hockt und speist die nie zu ortende tastatur der sich selbst gebärenden.
niemals. hat sie immer und immer gesagt. niemals. und es verblieb nur als nachricht: daß.
die folgenden sind geschlagen mit diesem wissen, mit dem wissen um gaias unangreifbarkeit …
weiter … weiter
wünschte mir …

nein. nein nicht jetzt. jetzt nicht warum, woher. geh weiter ...

ganz sicherlich in der mitte aller einschnürungen: die vervielfachung der subjekte so dunkel wie ihre anwesenheit.

die wörter laufen auf, fließen zurück in dinge, die niemals erscheinen, werden zu platten des raumes, die man zeit nennt. takte aus mauern. menon. keine sprache.

verkürzungen atmen geschehen, von denen niemand noch erzählt.

spiegel verhängen sich mit dunklem taft, und es blühet an dächern der rauch.

von wem sprichst du ... jetzt. wo bist du ... geh doch. du mußt zurück ...

und GARA, sie galt als die erste. GARA taumelt hinein in den durch bekannte zeitlichkeit vermuteten raum.

mit sich, immerhin, trägt sie ihr feuer, trägt sie ihr blut. und wollte sich selbst nie anders.

sagen im hinblick auf das, was man sinn nennt, das anfang und das ende der stimme.

der klang ihrer gespannten sehnen attackiert den gedanken. und bald dann die nachricht, von nun an geheime zuflucht, daß die anderen sie getroffen haben.

jetzt.

jetzt auch: das MAL, ihr fortan zu bewachendes mal, aufgeschüttet vom sterben. sie. nicht mehr sagen. LAUSCHEND den kopf anheben.

zu schnell. die zeit nimmst du zu schnell ... nicht weit genug ... nicht wirst du, so wirst du nicht ankommen. versuch es ... weiter.

GHALLUA: heißt sie jetzt. ihre angst vor dem fluß der sätze, dem tönernen speien der leere.

wo trifft sich das gesicht des fremden.

GHALLUA. sie ist die wache, die immer neue unterscheidungen empfängt. sie, die niemals losgelöst vom RUF des vorausgegangenen wahrgenommen werden kann.

sie ist der schmerz eines zeitspalts und das gleichsame festhalten.

ihre töchter beseelt eine, wenn auch noch dunkle identität, die ein nicht zu nennendes bewußtwerden in einklang bringen soll.

sie GHALLUA aber bleibt eine gebärende, die verwehrt, da sie das verstehen jener identität mit sich trägt.

GHALLUA, du trauernde schwester.

Gisea. die jüngste der schwestern, als nachtigall gezeugt, wacht auf mit dem wunsch, ihr blut zu verminen, ihre ringe zu versetzen. vergreift sich an fremdem vergnügen.

Sie kommt als fuge zwischen raum und raum.

GISEA, ihre Leichtigkeit steigt auf in den sog, der die träume verschiebt, der die angst passiert und das licht der körper von vielen.

zu den rändern der hoffnung reist sie. und obwohl sie sich wieder und wieder versucht, gibt sie nicht preis, den ihr einverleibten engel.

sie kaut diesen stolzen, unlesbaren mund und an der böschung des raumes steht sie. sie allein und verbrennt das benutzte geheimnis.

weißt du nicht ... weiter nun ... gibt es kein später ...

das blut der einenden greift durch die zeit. der splitter wandert gegen oktober. und jetzt. und jetzt und in den ohren, die späteren gewichte des zersprengten laubs.

manchmal noch, nein es war kein bleiben. verschlucktes wollen, vielfach nur noch staub vom warten und doch immer die für niemand zuständige gefahr.

und um ihre körper fand sich nur der eine augenblick.

diese hand, die fährt heraus und sie bleibt stehen. dieser SCHREI, er fährt heraus und erstickt den schaum des abendrots.

ja, an diesem tag, an diesem tag war das DAVOR zerschmolzen. zuerst die tänzer, sie verirrten sich in den systolen von zeit.

in einem schwebenden raum

versuch es ... entgeh diesem wort ... einfach. zu einfach sonst ist dein gehn.

so also ... ja und dann ...

und am ende immer. immer bleiben am ende die engel aus. doch das wußten sie schon.

ein beginn und das ende verschwistert, zerbügelt im großen tamtam.

es kam aber eine, es kamen da viele zu holen, zu stecken das licht. sie trugen im arm: das STETS war es anders.

verlaßt eure namen. tauscht die türschwellen aus. sie kreuzen die hände, nach denen doch niemand mehr fragt.

der junge, dröhnende augenblick geschieht wie zur totenspanne zwischen zwei leibern.

die GIER, die sie in der stadt zum reden machen, um den namen und die gefahr zu vergessen.

überhaupt vergessen. löschen den ton jedes fallenden blütenblatts, den wolkenverhangenen abend, den flug des einsamen vogels.

vergessen das davor.

während sie die tanzenden zum STILLSTAND bringen. und niemand kann aufhören hinzusehen. und alles schon ohne zu verstehen.

so also ... so kann es sein ... so wirklich ...

die labyrinthe des incognito in der verlockung des spiels. gekrönt am blau des nie vordem erahnten meeres und an der weite des rufes.

und sie wollen den blick nicht wenden.

und nie heißt es: löse die stampfenden einschnürungen. und nie: höre den bärtigen erzählungen der fremden.

und nur eine wußte. sie kannte sich in ihrer monotonen sprache.

ihr gesicht trug die zeichen des für immer uneinlösbaren.

sie wußte um den moment: nicht ersetzen könnt ihr den namen. nicht zu umgehen ist ihr bildgewordener schmerz. GAIA.

die mutter.

jetzt bleib stehen ... geh zurück ... weiter mußt du ...

was denn nun. wie weiter.

ich zögerte.

wie ein kreisel spricht sich mir bekanntes. ich, das VERSTECK der leere, das sich zuweilen spricht. ich bin im jetzt und falte die erinnerung.

vielleicht bleibt nur die suche nach den worten, die sich ihre täglichen bewegungen nehmen, die tun, was sie wollen, tun müssen, wenn sie leben, wo sie leben müssen.

die zeit tilgt nur die empfindung von verlust. warum nicht, schien doch gerade diese empfindung mich unter einer seltenen harmonie zu begraben, wenn keiner mehr sagen kann, nichts gibt es, sich davon loszumachen.

ich laufe zu einer nahen höhe. laufen, um zu sehen, woher das andere kommt.

ich suche etwas bekanntes, eine mich umschließende bewegung. ich liege auf der anhöhe und sehe einen BAUM.

einen ganzen tag unter diesem toten baum liegen und seine blütenstürze sehen. und weiter.

DOCH JA. es ist alles. ist anders.

VOM SCHWIERIGEN UMGANG
DER DEUTSCH-DEUTSCHEN FRAUENBEWEGUNG
MITEINANDER*

Es war im September 1990 auf einer Reportage-Reise, die ich mit einer Kollegin durch die damals noch so genannte DDR machte. Es dämmerte schon, als wir die ehemalige Stasi-Villa, die sich die Erfurter Frauen nach der Wende angeeignet und in ein Frauenzentrum umgewandelt hatten, schließlich entdeckten. Äußerlich war dem Gebäude nichts mehr von seiner früheren Funktion anzusehen, aber in einem Trakt des Hauses ließen sich seinerzeit noch die Räume mit den staatsschützenden Lauschanlagen besichtigen. Um so frappierter waren wir, als uns im hochherrschaftlichen Entrée ein aktuelles RAF-Fahndungsplakat des Bundeskriminalamtes ins Auge sprang. Unsere Irritation kletterte auf Alarmstufe, als uns die anwesenden Frauen ganz arglos erklärten, das habe die städtische Frauenbeauftragte vorbeigebracht. Es war dieselbe Harmlosigkeit, mit der sie uns von den Nähzirkeln, Abnehmkursen und Familiennachmittagen (Ost-Papis inbegriffen) erzählten, die in dem republikweit exponierten Frauenprojekt für die Erfurter Besucherinnen abgehalten wurden.

Kaum ein halbes Jahr zuvor, noch vor der Währungsunion, lud der Unabhängige Frauenverband der DDR (UFV) zu einem ersten Ost-West-Frauenkongreß nach Ost-Berlin ein. Er verstand sich als Pionierversuch, die unterschiedlichen Erfahrungen von Ost- und West-Frauen in einem ersten Austausch zu vermitteln. Er endete in einem Abstimmungs-Chaos über eine gemeinsame Resolution. Von heute aus betrachtet kann ich nachvollziehen, wie der damalige Zank um den Führungsanspruch zwischen den verschiedenen Zirkeln der

---

* Bei dem Beitrag handelt es sich um ein bereits im Frühjahr 1992 abgeschlossenes Manuskript. Neuere Entwicklungen im Ost-West-Verhältnis konnten deshalb nicht mehr berücksichtigt werden.

West-Feministinnen auf die integrationsgewohnten und auf Konsens bedachten Gastgeberinnen gewirkt haben muß. Damals begann der sichtbare Rückzug der scheinbar so biederen und anpassungswilligen »Ost-Muttis« von den besserwisserischen und arroganten »Super-Feministinnen« im Westen, und die gegenseitige Enttäuschung artikulierte sich nun nicht mehr nur verschämt im privaten Freundinnenkreis, sondern öffentlich.

Aufbruch in die innere Emigration

Solche Szenen ließen sich beliebig aneinanderreihen. Frauen aus Ost und West haben inzwischen ihre Erfahrungen miteinander gemacht und gelernt, daß die Systeme, aus denen sie stammen, unterschiedliche Abdrücke in ihnen hinterlassen haben, deren Kongruenz sich auch nicht durch den Appell an den guten Willen herstellen läßt. Manche gehen dazu über, sich ihre individuelle Geschichte in kleinem Kreis zu erzählen, um sich über die so unterschiedlich erlebte Zeit, die zwischen uns liegt, zu verständigen. Andere suchen eine Perspektive in den »großen Strukturen«, den Parteien oder Organisationen. Aber inzwischen gibt es eine höfliche Scheu zwischen den deutschen Schwestern, die sich nicht nur aus den gegenseitigen Kränkungen erklären läßt und auch nicht durch schwesterlichen Neid und gegenseitige Mißgunst. Die Verhältnisse haben uns Frauen – wieder einmal – als (im männlichen Sinn) politikunfähig vorgeführt. Das weibliche Begehren ging im Entwurf der Einheit nicht auf, sondern unter. Nun pflegen wir mühsam und liebevoll die bescheidenen Rosen in unseren steinigen Projekte-Gärtchen, in denen sich viele von uns abseits eingerichtet haben.

Aber vielleicht sitze ich, wenn ich diese Zeilen schreibe, auch einem Mythos auf. Vielleicht hat es dieses »Wir«, das in den verheißungsvollen Anfängen der deutsch-deutschen Frauenbewegung aufschien, nie gegeben und ist nur eine Wunschproduktion gewesen. Möglicherweise verbindet die Arbeiterin in Stuttgart mit der in Halle tatsächlich viel mehr als die westdeutsche Feministin mit der Aktivistin aus dem Unabhängigen Frauenverband. Wenn ich im folgenden von den Berührungsängsten zwischen den west- und ostdeutschen Frauen spreche, dann meine ich jene politische weibliche »Avantgarde«, die im Westen in den frühen 70er Jahren in einer gemeinsamen Bewegung aufbrach und sich seit Ende der 80er Jahre in ein breitgefächertes, häufig von staatlichen Subventionen abhängiges Netzwerk verteilte; die im Osten dagegen auf eine kurze stürmische Geschichte zurückblicken kann und in der Gründung des UFV ihren Höhepunkt fand. Dabei geht mir der Begriff »Avantgarde« wegen seines negativen Beigeschmacks nur zögernd in die Tasten, aber angesichts des impliziten Vertretungsanspruches, den sowohl West-Feministinnen[1] und noch deutlicher die Bewegungs-Frauen im Osten in bezug auf ihr Geschlecht formulieren, bezeichnet er das Gemeinte angemessen.

Was also ist aus ihm geworden, aus dem Projekt einer gesamtdeutschen Frauenbewegung? Daß die Öffnung des UFV nach Westen im Herbst 1991 kaum Resonanz gezeigt hat und der Verband nach wie vor eine Ost-Angelegenheit ist, daß sich andererseits die Ost-Frauen weiterhin dem »feministischen Gruppenkodex« verweigern, sind nur die äußeren Anzeichen einer inneren Emigration. Die Frauenbewegung Ost und West hat sich in ihre jeweiligen Ghettos zurückgezogen, die im Osten ein bißchen strukturierter und »basisnäher« sind und im Westen dafür das deutsche Reinheitsgebot kultivieren: in feminismo veritas.

Dabei wagt selbst die konservative Journaille heute kaum mehr zu bestreiten, was um die Jahreswende 1989/90 noch als Kassandraruf interessegeleiteter Schwarzmalerinnen abgetan worden war: daß nämlich unter den Verlierern der deutschen Einheit die Frauen doppelt verloren haben. »Die Menschen in den jungen Bundesländern«, ein Begriff, der Westpolitikern ein verkniffenes Augenblinzeln abverlangt und bei dem sich SPD-Vize Thierse an »junge Hunde« erinnert fühlt, gibt es eben auch in zweierlei Geschlechts-Ausführung, und als Motto für die weibliche Spezies titelte die Ostberliner »Wochenpost« zum Internationalen Frauentag 1992: »Wer sich nicht wehrt, kommt an den Herd.«[2] Das ist aber nur die halbe Wahrheit, denn mitnichten geht es lediglich um ein schlichtes Rollback für die Frauen, sondern um ihre Zurichtung für einen allseits flexibilisierten Arbeitsmarkt und einen an ihn angepaßten Reproduktionsbereich. Die Zukunft der Frauen liegt eben nicht in der Küche, sondern darin, zwischen Küche, Kinderzimmer und Heimcomputer respektive Verkaufskasse möglichst reibungslos hin und her zu jonglieren. Die hohe Arbeitslosigkeit unter den ostdeutschen Frauen wird ein vorübergehendes Phänomen bleiben; aber alle Anzeichen sprechen dafür, daß derzeit auch in Ostdeutschland die Weichen für alle Formen von ungeschützten Arbeitsverhältnisen gestellt werden.[3] Vollbeschäftigung für Frauen gehört endgültig der Vergangenheit an. Derweil liefert die miserable soziale Situation in Ostdeutschland Staat, Unternehmen und nicht zuletzt den Gewerkschaften den Vorwand, entweder langerkämpfte soziale Frauenrechte abzubauen oder die Diskussion um eine längst fällige Umschichtung der gesamtgesellschaftlichen Arbeit abzuwürgen.

Leere Landkarten

Blicke ich auf meine eigene frauenbewegte Biographie zurück, dann muß ich bekennen, daß mir vor der Wende die Schwester im anderen Teil Deutschlands gleichgültiger war als die Feministin aus Frankreich oder den USA, die ich auf Tagungen oder Festen traf und mit der ich Nächte hindurch debattierte. Von der DDR wußte ich, was durch die freiheitlich-demokratische Zensur sickerte und insbesondere was mir die DDR-Literatur bot (wie sich zeigen sollte, hatte diese literarische Stellvertreterschaft, diese Verwechslung von Literatur und Soziologie, weitreichende Folgen, weil das vermittelte Bild mit den realen Verhältnissen wenig übereinstimmte). Selbst war ich nie in der DDR gewesen, hatte auch keine Verwandten dort. Auch richtete keine politisch gelenkte, SED-freundliche Schere im Kopf größeren Schaden an. Der andere Teil Deutschlands war für mich einfach eine leere Landkarte, und ich hatte vor dem Mauerfall auch nur wenig Bedürfnis, die weißen Flecken mit Farbe zu füllen.

Natürlich wußte ich von den vereinzelten Kontakten zwischen West- und Ost-Frauen, davon, daß es in den späten 8oer Jahren im Osten Frauen gab, die im Schutz der Kirche über ihre Vorstellungen von Frauenbefreiung sprachen. Freya Klier zum Beispiel gehörte dazu, und sie erinnert sich an den komplizierten Mechanismus von Über- und Unterlegenheit der DDR-Frauen gegenüber den Paradiesvögeln aus dem Westen mit ihren luxurierenden Theorien und dem Naserümpfen, wenn sie sahen, wie die »Muttis« ihren Männern den Kaffee servierten.[4] Dabei standen die Frauen im Osten »ihren Mann«, im Betrieb und auch in der Partei, sie waren ökonomisch unabhängiger als die West-Schwestern, und sie fackelten nicht lange, wenn der aktuelle Ehemann nicht mehr parierte. Die Statistik registrierte überdurchschnittlich hohe Scheidungszahlen und ein Drittel aller Mütter als Alleinerziehende; Kinder bekamen sie im Gegensatz zu uns West-Intellektuellen fast alle und möglichst früh, und sie fanden das selbstverständlich. Ermöglicht wurde das durch eine soziale Infrastruktur, von der wir im Westen nur träumen konnten. Keine mühsame und immer wieder aufgeschobene Entscheidung zwischen Kind oder Karriere, vielmehr der Zwang, neben der Hausarbeit »Seite an Seite mit dem Mann ihrer Klasse« (Zetkin) lohnzuarbeiten. Als Mütter war uns das schlechte Gewissen gemeinsam, das eine oder andere zu vernachlässigen, und als Nicht-Mütter fanden wir diesen Kindersegen, der uns auf Kongressen unüberhörbar vorgeführt wurde, enervierend, nicht zuletzt deshalb, weil er die mühsam zusammengezimmerte feministische Single-Identität bedrohte.

Als ich ihnen dann schließlich begegnete, Anfang 1990, erschreckten mich ihre verhärmten Gesichter, die abgearbeiteten Gestalten, sie sahen so ausgepowert aus und hatten ein Selbstbewußtsein und einen Pragmatismus, die mich faszinierten. Ihr Auftreten war resolut, manchmal fast unfreundlich, und wenn ich auf Frauenbewegte traf, irritierte mich ihre burschikose und kurzangebundene Art. Überallhin schleppten sie ihre Kinder mit, forderten lautstark die Erhaltung der Kinderbetreuungseinrichtungen – und wir dachten geringschätzig: Was hat das mit Feminismus zu tun? Sie beharrten auf der Beibehaltung der Fristenregelung und plädierten für Beratungspflicht – und wir belehrten: Nicht in diesem Staat. Sie stellten sich selbstverständlich als Jurist oder Arzt vor – und wir korrigierten entnervt: Ärztin! Zur Frauen-Disco brachten sie ihre Freunde und Männer mit – und wir brüllten: Männer raus!

Von der Unangemessenheit der Wünsche
und der Endlichkeit der Strategien

Es war von Anfang an ein ambivalentes Verhältnis. Als gute Linke hatten wir im Westen doch alle Hoffnungen auf sie gesetzt und Erwartungen, die immer wieder enttäuscht worden waren von den revolutionären und Befreiungsbewegungen in aller Welt. Sie waren prädestiniert, unsere Träume von Umsturz und Anarchie einzulösen, an den Runden Tischen führten sie vor, wie das geht: eine frauenfreundliche Verfassung schreiben, auf der eine frauenfreundliche Gesellschaft gründet. Wie Mütter setzten wir unsere aufgeschobenen Bedürfnisse auf die Töchter, die das richten sollten, was wir selbst in 20 Jahren nicht geschafft hatten. Wie Mütter standen wir mit – natürlich! – gutem Rat zur Seite und kommandierten: Hört auf uns, lernt aus unseren schlechten Erfahrungen. Aber das mit dem Wünschen ist so eine Sache, und unsere neuen Schwestern, in denen wir West-Frauen eher die belehrbaren Töchter sahen, hatten einen eigenen Kopf, der erschreckte, weil er mitunter so »männlich« dachte. Sie waren keine leuchtenden Vor- und auch nicht unsere blassen Abziehbilder – sie waren ganz eigen, ganz anders als wir, und das gegenseitige Nichtverstehen endete im inzwischen geflügelten Bekenntnis: Wir sprechen zwar dieselbe Sprache, aber wir meinen nicht dasselbe. Einige unter den Westlerinnen haben die Gefahr der gegenseitigen Projektionen früh erkannt. Annemarie Tröger warnte beispielsweise schon im November 1989 davor, daß die alten Bewegungsfrauen den Ost-Frauen ihren ganzen Katalog von Forderungen vorhalten, um den wir selbst erfolglos gekämpft haben.[5] Zweieinhalb Jahre später klagt Marion Ziegler, die für das Bündnis 90 im Leipziger Stadtparlament sitzt, im Hinblick auf die 218-Auseinandersetzung: »Viele Feministinnen im Westen meinen jetzt, wir müßten hier nach zwanzig Jahren das Ruder herumreißen. Mit welcher Power, frage ich mich, und wenn wir dann auf unserer Position – also kein Kompromiß – beharren, werden wir noch als Verräterinnen beschimpft.«[6]

Es ist in linken West-Kreisen heute Mode geworden, der BürgerInnenbewegung in der DDR im allgemeinen und der Frauenbewegung im besonderen politische Naivität vorzuwerfen. Trifft dieser

Vorwurf zu, dann gilt er erst recht für seine AbsenderInnen, aus deren Enttäuschung er sich speist. Die »deutsche Revolution« von Herbst 1989, die sich heute nur noch in Anführungszeichen lesen läßt, weil selbst die populistischste Aufstandstheorie nicht an der Tatsache vorbei kann, daß es eher die Schwäche der Sowjetunion als die Stärke des Volkes war, die den Staat DDR so undramatisch verschwinden ließ; diese also typisch deutsche Revolution hat, vielleicht für lange Zeit, die Umsturzphantasien der deutschen Linken zurückgestutzt auf eine nüchterne Realpolitik. Der Golfkrieg hat schließlich die Bruchstücke der linken Identität, die zum guten Teil von Ignoranz zusammengehalten wurde, als Strandgut an die Ufer der gleichen parlamentarischen Demokratie gespült, von der die ostdeutsche BürgerInnenbewegung annahm, in ihr ließe sich eine »zivilisierte Gesellschaft« verwirklichen. Vielleicht ist die Logik, daß die deutsche Linke und auch die deutsch-deutsche Frauenbewegung zu einem Zeitpunkt aufeinanderstießen, als sich der kapitalistische Markt weltweit konkurrenzlos durchsetzte, zugleich ihre Tragik.

Untersucht man heute die Wende-Dokumente der ostdeutschen Frauenbewegung, insbesondere das »Manifest für eine autonome Frauenbewegung«, für das Ina Merkel als damalige Gründerin des UFV verantwortlich zeichnete und das die Basis für die Verbandsgründung am 17.2.1990 bildete[7], dann zeigt der von der damaligen Euphorie ungetrübte Blick, wie hoffnungslos die damaligen Perspektiven und Forderungen der Frauen bereits von der Realität überholt waren. Mit Recht klagten die Frauen eingangs ihren wesentlichen Beitrag an der demokratischen Wende ein und bestanden darauf, daß die Frauenfrage im neuen Staat nicht als randständiges Problem behandelt werden dürfe, sondern als existentielle Grundfrage der ganzen Gesellschaft. Aus ihrer Kritik an der untergegangenen DDR und der existierenden BRD leiteten sie den Anspruch ab, daß nun die Frauen maßgeblich am Aufbau einer gesellschaftlichen Alternative beteiligt werden müßten. Das Plädoyer für einen modernen Sozialismus, der die ökologische Reorganisation der Wirtschaft ermögliche, politische Entscheidungen transparent mache und ein multikulturelles Miteinander garantiere, ging noch von zwei deutschen Staaten aus, obwohl das Konföderationskonzept zu dieser Zeit bereits politische Makulatur war.

Immerhin war der Verfassungsentwurf des Runden Tisches das frauenpolitisch Überzeugendste, was in den Männer-Demokratien Europas in den letzten 200 Jahren produziert worden ist, und er entstand unter wesentlichem Einfluß der Frauen. Aber schon im Frühjahr 1990 offenbarte sich, wie unmöglich es werden würde, diese Position zu halten. Nicht nur interessierte sich die Westpolitik wenig um die Bedürfnisse und Forderungen der Frauen; nicht nur konnte der zu den Wahlen kandidierende UFV – und damit teilte er das Schicksal der BürgerInnenbewegung insgesamt – nicht auf die finanzielle und organisatorische Hilfe durch die Westparteien rechnen und mußte sich schließlich bei den ersten gesamtdeutschen Wahlen unters Dach der bundesdeutschen GRÜNEN retten; nicht nur fehlte es an Erfahrungen mit den Medien, um das Programm des UFV wirkungsvoll publik zu machen. Wesentlicher war, daß schon in dieser Zeit die Basis wegzubröckeln begann. Einerseits durch die äußeren Verhältnisse gezwungen, die basisdemokratischen Experimente aufzugeben und sich am Mummenschanz der parlamentarischen Demokratie zu beteiligen, zeigte sich andererseits schon Mitte 1990 bei den Wahlen zu den ersten Parlamenten in den neuen Bundesländern und, nicht mehr zu leugnen, schließlich bei den Bundestagswahlen, daß die Masse der Frauen im Begriff war, sich aus der Öffentlichkeit zurückzuziehen. Eine Wahlkampf-Aktivistin aus Thüringen erklärte mir damals sarkastisch, daß die Beteiligung an den Wahlen dem UFV immerhin zeige, wie viele Frauen den Verband unterstützten. Es waren so enttäuschend wenige, daß Ina Merkel im nachhinein bereute, daß der UFV sich auf dieses Abenteuer überhaupt eingelassen hatte.

Damit wiederholt sich ein Phänomen, das sich historisch immer wieder belegen läßt: In dem Moment, wo ein von Frauen wesentlich mitgetragener politischer Umsturz vollzogen ist und die neuen Strukturen in einem »System« erstarren, verschwindet ein Großteil der weiblichen Aktivistinnen sang- und klanglos von der politischen Bühne. Die Männer, meint Merkel, »entwickeln feststehende Programme, sie verpflichten ihre Mitglieder auf bestimmte Inhalte (...), beginnen parteiähnliche Strukturen aufzubauen, entwickeln einen Apparat und bringen hochbezahlte Funktionäre hervor«. Die Frauenbewegung dagegen bewege sich zwischen den beiden extremen

Polen »Frauen an die Macht« und »Keine Frau für dieses System«.[8] Außerdem nutzten viele DDR-Frauen, die im Herbst 1989 auf den Demonstrationen zu sehen waren, nun den angebotenen oder erzwungenen Rückzug ins Private und seien, wie Christiane Schindler vom UFV in einem Gespräch bestätigte, vor allem damit beschäftigt, das Überleben ihrer Familien zu organisieren.[9]

Von der Gleichheit in die/der Differenz

»Die Frauenbewegung ist eine Bewegung ohne Basis«, hämelte die »Zeit« schon anläßlich der UFV-Gründung und wußte auch gleich die Schuldigen zu benennen: die Partei und mit ihr der Demokratische Frauenbund (DFD) der DDR. »Es ist, als habe die Propaganda der Partei betäubend gewirkt«, so wird die politische Lähmung der Frauen erklärt.[10] Außerhalb des Wahrnehmungsfeldes der Schreiberin scheint zu liegen, daß es dieselben strukturellen Bedingungen sind, die die Masse der Frauen nun auch in der neuen Bundesrepublik davon abhält, sich politisch einzumischen. Ihre Enttäuschung ist um so herber, da die Hoffnungen in das neue System außerordentlich groß und von einem idealen, um nicht zu sagen idealistischen Demokratieverständnis geleitet waren, das »Gleicheit«, auch die zwischen den Geschlechtern, als fundamentalen Wert einforderte. Wie immer das Geschlechterverhältnis in der ehemaligen DDR beschaffen war, wie funktionalistisch ausgerichtet und männlich normiert das politische Gleichheitspostulat auch gewesen sein mag: Die Erfahrung, daß Frau auf dem Arbeitsmarkt nichts mehr wert ist und als ältere Frau nicht mehr gebraucht wird; die Erfahrung, daß Kindererziehung nicht mehr in der gesamtgesellschaftlichen Verantwortung steht; die Erfahrung, als Sexualobjekt auf Litfaßsäulen und Kinoleinwänden ausgestellt zu werden; kurz: die Erfahrung *dieser* Differenz machen die ostdeutschen Frauen erst in den vergangenen Jahren.

Möglicherweise liegt hier – über die Enttäuschungen und Verletzungen hinaus – ein strukturelles Moment für die Aversionen zwischen Ost- und West-Feministinnen. Denn wenn die ersteren im Bewußtsein der Gleichheit, das heißt der Angleichung an die männliche Rollennorm, sozialisiert wurden, dann gehört die Differenz zum Erfahrungshorizont der letzteren. Es ist eine Differenz, die nicht einfach ein neutrales »Anderes« markiert, sondern einen schlichten Mangel. Dieses analytische Problem von Gleichheit und Differenz beschäftigt die westeuropäische und amerikanische Frauenbewegung seit ihren Anfängen, und sie hat unterschiedliche Lösungsstrategien entworfen, die von der völligen Negierung bis hin zur Aufwertung des »Differenten« reichen und die je nach Standort biologistisch oder kulturell unterfüttert sind. So gesehen scheinen die beiden (idealtypisch verstandenen) Frauenbewegungen West und Ost wie die Ausprägungen dieser beiden Extremvorstellungen zu sein.

Sinnfällig wurde die hartnäckige Weigerung der DDR-Frauen, ihre »Andersheit« anzuerkennen, auf der symbolischen Ebene der Sprache. Es war nicht bloß Gewohnheit, fehlendes Verständnis und etwas Trotz, wenn sie sich als »Arzt« oder »Physiker« vorstellten. »Lächerlich« finden meine Ost-Kolleginnen es heute noch, wenn ich in der Redaktionsarbeit auf dem geschlechtsspezifischen Splitting oder dem großen »I« bestehe. Das weibliche Existenzrecht in der Sprache scheint ihnen überflüssig, wenn es materiell erfüllt ist. Aber bei den Verliererinnen der Einheit sitzt die Abwehr gegen die weibliche Sprachform psychologisch noch tiefer, denn sie weist sie als doppelte Verlierer aus: als Bürger der ehemaligen DDR und als Frauen. Als Bürger haben ihre Männer immerhin die Chance, sich als vollwertiges Mitglied in der bundesdeutschen Gesellschaft zu etablieren, aber was ist mit dem »Bürger« Frau, die als »Bürgerin« der DDR einen doppelten Mangel mit sich herumschleppt? Wer kann von ihr verlangen, diesen auch noch permanent auszustellen?

Die Geschichte der gesamtdeutschen Frauenbewegung ist nicht nur – im Hinblick auf ihre euphorischen Hoffnungen – eine Geschichte der kollektiven Wunschprojektionen. Sie ist auch eine der Bedrohungen und Obsessionen, die sich in den gegenseitigen Angstphantasien ausleben. Das gegenseitige Gefühl der Über- und Unterlegenheit; die Furcht, daß der eigene Lebensentwurf durch »die Andere« in Frage gestellt werden könnte, und die damit einhergehende geringe Bereitschaft, sich auf die Andere einzulassen; das Mißtrauen, das aus Konkurrenzangst und Neidgefühl resultiert; der uneingeschränkte und uneinlösbare Solidaritätsappell – diese sozialpsychologischen Überforderungen sind es, die den Kontakt zwischen Ost- und West-Frauenbewegten so aufreibend und schwierig machen und in einer Situation, da sich die Lage der Frauen in beiden Teilen Deutschlands unaufhaltbar verschlechtert, ihre Handlungsfähigkeit lähmen. »Gleichheit in der Differenz« herzustellen – das heißt, die strukturelle Ungleichheit zu beheben, ohne Differentes auf »das Eine« zu reduzieren –, ist nicht nur eine Forderung an patriarchale Gesellschaften, sondern auch eine Herausforderung für die Frauen selbst. Sonst besteht die Gefahr, daß wir Frauen in unserer Differenz nur gleich werden als sozial Ausgegrenzte.

Anmerkungen

1 Allerdings läßt sich nicht von der Hand weisen, daß sich dieser Vertretungsanspruch im Westen allmählich von selbst erledigt, weil sich die politische Frauenbewegung mehr und mehr zu einer lobbyistischen Vertretung von weiblichen Partialinteressen entwickelt.

2 Wochenpost vom 6.3.1992.

3 Vgl. Carola Möller: Flexibel in die Armut. Vortrag, gehalten auf dem Armutskongreß des Frauenpolitischen Runden Tisches in Ost-Berlin im Februar 1992. Abdruck in: Freitag vom 10.4.1992.

4 Vgl. Freya Klier: Zwischen Kombi und Kreißsaal. Vortrag, gehalten 1990 in Berlin.

5 Vgl. Ost-Sister meets West-Sister. In: taz vom 17.11.1989.

6 Wir haben ganz andere Probleme. In: taz vom 29.5.1992.

7 Vgl. Ina Merkel: Ohne Frauen ist kein Staat zu machen.

8 Ina Merkel: Die Frauenbewegung ist kein Haus für gefallene Engel. In: die andere 43/1990.

9 Vgl. Wie ein Hamster im Rädchen. In: Freitag vom 6.3.1992.

10 Susanne Meyer: Nun kommen wir. Feministinnen in der DDR. In: Zeit vom 16.2.1990.

JANINE BERG-PEER (WEST)
DOROTEA LIEBER (OST)
West-Ost-Briefwechsel

Berlin, den 6.3.1993

Liebe Dorotea,

kannst Du mir sagen, warum Ost-Frauen so unselbständig und umständlich sind? Warim es ihnen so schwer fällt, Entscheidungen zu treffen, und dies selbst bei Entscheidungen, die kaum wesentliche Konsequenzen nach sich ziehen? Bitte sag jetzt nicht, es gebe nicht »die« Ost-Frauen, genauso wie es nicht »die« West-Frauen gebe, man dürfe sich keine Verallgemeinerungen erlauben, auch hier gebe es schicht-, regional- und bildungsspezifische Unterschiede, und unselbständige Frauen gebe es ebenso in Cottbus wie in Göttingen wie auch in Bordeaux.

Nein, laß uns bitte durchaus verallgemeinern, laß uns über Unterschiede sprechen, die uns im Alltag auffallen, ohne daß sie durch repräsentative Untersuchungen abgestützt sind. Laß uns über das sprechen, was unseren Vorurteilen und Erwartungen entspricht und was uns schlicht ärgert. Kaum eine wagt es, darüber zu sprechen, weil der behutsame Umgang miteinander gefordert ist, obwohl der Umgang im Alltag alles andere als das ist. Wenn ich Dich frage, heißt das auch, daß mein Vor-Urteil noch nicht endgültig ist. Ich will Deine Meinung wissen, möchte Deine Erklärung hören oder erfahren, ob vielleicht meine Interpretation von Ost-Frauen eine des westlichen Blicks ist.

Warum also diese Entscheidungsschwierigkeiten? Warum muß alles ausführlichst in der Gruppe diskutiert werden, warum wird jede Entscheidung bis zum letztmöglichen Termin – und darüber hinaus – verschoben? Auch das Hinzuziehen eines Betriebsfremden scheint hier keine Klarheit zu bringen. Jeder Aussage eines nicht bekannten Menschen wird mit tiefstem Mißtrauen begegnet – es sei denn, sie bestätige die bereits vorhandene Meinung. Je dezidierter externe Berater auftreten, desto mißtrauischer wird ihre Meinung aufgenommen. Was, um alles in der Welt, wird hier vermutet?

Letztlich sind es dann wieder die alten Bekannten, mögen sie teurer, qualitativ schlechter oder langsamer in der Lieferung sein. Hier scheint die Bekanntheit das Risiko der unsicheren Entscheidung zu mindern. Dem Fremden, Neuen wird mit außerordentlichem Mißtrauen begegnet.

Warum haben Ost-Frauen so große Schwierigkeiten, Probleme zu lösen? (Ich spreche natürlich immer nur von meiner Erfahrung aus dem Berufsalltag.) Ist Dir schon aufgefallen, daß Probleme zwar hervorragend analysiert, aber keinesfalls gelöst werden? In jeder Besprechung wird ausführlich darüber berichtet, daß und warum etwas schwierig ist, aber über eine Lösung denkt keine nach. Keine ist zuständig. Und wenn einmal ein Lösungsvorschlag gemacht wird, begreift es die Vorschlagende keineswegs als ihre Aufgabe, diesen Vorschlag auch in die Tat umzusetzen.

Hast du diesen Mechanismus erst einmal begriffen, bleibt dir nichts anderes übrig, als Zuständigkeiten, Fristen festzulegen und diese auch noch schriftlich. Schriftlich! Das ist für mich ein weiteres Problem. Einer Ost-Frau eine schriftliche Äußerung abzulocken ist ein Ding der Unmöglichkeit. Arbeitspläne, Protokolle, sogar schriftliche Anforderungsprofile für eine neue Mitarbeiterin zu erhalten erfordert geradezu ein autoritäres Durchgreifen, was in westlichen Zusammenhängen kaum notwendig wäre.

Hängt die geringe Bereitschaft, Entscheidungen zu treffen, einen konkreten Lösungsvorschlag in die Tat umzusetzen oder einen Sachverhalt schriftlich zu fixieren, mit Angst vor Festlegung zusammen? Weil frau eventuellen Konsequenzen aus dem Weg gehen möchte? Aber welchen Konsequenzen, und worin besteht die Gefahr?

Jetzt komme ich zu einem Problem, das nicht *ich* mit den Ost-Frauen, sondern sie mit *mir* und vermutlich vielen anderen West-Frauen haben. Warum wir nur so entsetzlich anspruchsvoll seien? Immer alles kritisieren müßten und uns nicht mal mit etwas abfinden könnten? Immer alles besser wüßten und häufig etwas sagen würden, wenn wir gar nichts zu sagen hätten. Und dann auch noch laut und deutlich.

Nun, wenn ich diesen Vorwurf lese oder ohne konkrete Bezüge höre, stimme ich voll zu. Wir sind anspruchsvoll, wollen uns nicht abfinden. Wir äußern unsere Meinung häufig ohne Rücksicht darauf, ob sie inhaltlich fundiert oder erwünscht ist.

Du siehst, ich bin einsichtig. Besonders, wenn ich an den Abend denke, an dem wir uns kennenlernten. Du erinnerst Dich? Kurz nach Maueröffnung hatte ich Dich und zwei neugierige West-Freundinnen eingeladen, weil wir von Dir zum ersten Mal etwas über die Ost-Frau – das uns unbekannte Wesen – hören wollten. Und wie meine gute Freundin Dir und uns drei Stunden lang ausführte, wie es denn so in der DDR gewesen sei. Sie kannte sich natürlich aus. Ich werde nie vergessen, mit welch liebenswürdig-ironischem Lächeln Du drei Stunden lang zuhörtest. Also, die Vorwürfe sind nicht von der Hand zu weisen.

Aber – nun darf ich mich gleich wieder verteidigen – wenn ich die im Arbeitsalltag erfahrenen Situationen bedenke, in denen mir Anspruchsdenken zugeschrieben wurde, werde ich doch wieder skeptisch. Warum ist es anspruchsvoll, wenn ich bei Außentemperaturen von minus 10 Grad auf einer Innentemperatur von 20 Grad bestehe? Auf die Empfehlung eines zweiten Strickjäckchens mit einem energischen Anruf bei der Hausverwaltung reagiere? Warum muß nach dem Abstürzen der vernetzten PCs vier Tage gewartet werden, bis der Wartungsdienst gerufen wird? Warum wird der Anspruch auf einen ergonomisch vertretbaren Bürostuhl als luxurierend betrachtet?

Ich verstehe durchaus, daß bei Ressourcenknappheit Ansprüche nicht erfüllt werden können. Aber wenn es nur der Griff zum Telefon ist oder die Verteidigung der eigenen Gesundheit dem Arbeitgeber gegenüber – sollte frau hier nicht sinnvollerweise Ansprüche stellen? Deshalb meine Frage an Dich: Weshalb friert die Ost-Frau lieber im zweiten Strickjäckchen, als darauf hinzuwirken, daß der Hauswart, dessen Aufgabe dies ist, die Zimmertemperatur menschlichen Bedürfnissen anpaßt?

Was das »Besser«wissen betrifft: Ich habe selten das Gefühl, daß ich etwas besser wüßte als andere, aber sehr oft das Gefühl, daß ich etwas wissen muß, ich mir etwas einfallen lassen muß, um eine Situation oder schlicht mein Leben zu meistern. Dabei nehme ich in

Kauf, auch einmal nicht das Richtige zu tun, wohl wissend, daß es ohnehin selten eine richtige Entscheidung gibt. Im wesentlichen geht es darum, Lösungen auszuprobieren.

Gut, wir reden laut und viel. Nicht immer gehört das Zuhören zu unserer Stärke. Aber wie anders sollte man oder frau sich auseinandersetzen als durch das Austauschen von Meinungen? Warum sagen Ost-Frauen nie ihre Meinung? Warum sitzen sie stumm im Seminar und erst in der Pause, auf dem Flur diskutieren sie heftig, aber verstummen sofort, wenn eine Westfrau hinzutritt oder konkret danach gefragt wird? Warum wird nicht offensiv die eigene Meinung vertreten? Woher kommt die Schwierigkeit, mit kontroversen Ansichten umzugehen? Konflikte, die sich in jeder Arbeitssituation ergeben, offen und sachlich anzugehen? Hängt das mit der größeren Nähe zwischen den Arbeitskolleginnen zusammen und dem Mangel an Distanz, der eine Trennung zwischen Person und Sachproblem so schwierig macht?

Auch hier haben wir, Ost- und West-Frauen, eine große Schwierigkeit miteinander. *Unserem* Bedürfnis, im Beruf vor allem höflich-distanzierte Verhaltensweisen zur Basis konfliktarmer Arbeitsbeziehungen zu machen, steht – so scheint mir – *Euer* Bedürfnis gegenüber, das Private weit in die Arbeitsbeziehungen hineinzuholen. Mir ist dieses Bedürfnis nach Nähe fremd. Meine Wünsche nach Zuwendung erfülle ich mir im Privatleben, das ich energisch gegen eine Vereinnahmung durch Arbeitskolleginnen verteidige.

Aber nun muß ich etwas sagen, das Dich nach all den kritischen Bemerkungen erstaunen wird, das ich aber ebenfalls nicht verstehe: Woher kommt die größere Herzlichkeit, die ich bei Ost-Frauen – Dich eingeschlossen – im Privatleben so angenehm empfinde? Woher kommt es, daß ich Ost-Frauen meine vier Kinder nicht schamhaft verschweige oder als Gag in die Diskussion einwerfen muß, wie ich mir das bei uns angewöhnt habe? Während die Erwähnung meiner vier Kinder im Westen bei Frauen ein verlegenes Schweigen und dann einen Blick zwischen Grauen und Mitleid hervorruft, fragt die Ost-Frau interessiert, wie alt sie seien oder was sie denn machen. Natürlich weiß ich inzwischen, daß ich im Westen aus den vier Kindern auch Kapital schlagen kann, denn schließlich sähe ich für eine Frau mit vier Kindern – und zwei Enkeln wohlgemerkt – noch ganz fabelhaft aus und sei auch unglaublich tüchtig. (Wie müßte man eigentlich bei vier Kindern aussehen, und wie lebensuntüchtig machen sie?) Für die Ost-Frauen scheint es normal und zuweilen sogar vergnüglich zu sein, Kinder zu haben. Und nicht nur das ist angenehm. Erstaunlicherweise unterhält sich bei mir zu Hause die Ost-Frau – Du wieder eingeschlossen – auch vergnügt mit meiner Tochter, bringt ihr etwas mit oder fragt nach dem Ausgang der Fechtmeisterschaften.

Hingewiesen auf den Unterschied hat mich übrigens meine vierzehnjährige Tochter! Bei meinen West-Freundinnen kommt dergleichen selten vor. Die konservativen unter ihnen empfinden meine Kinder schlicht als Einschränkung meiner Effizienz und häufig als gelungene Ausrede für das Nichteinhalten wichtiger Termine. Die linken empfinden Kinder – meine eingeschlossen – als spießbürgerlich und die Unterhaltung über Schulsorgen als eine Zumutung für Personen, die ausreichend Zeit brauchen, um sich über die wesentlichen Dinge des Lebens Gedanken zu machen.

Nun bin ich aus der Rolle gefallen und habe auf West-Frauen geschimpft. Gleich bin ich wieder beim Thema:

Wieder mußt Du mir etwas erklären. Es geht um ein Verhalten, Dorotea, was mich an Frauen, die in einem Land aufgewachsen sind, das Gleichheit aller Menschen – unabhängig von Herkunft und Bildung – postulierte, überrascht und enttäuscht. Ich spreche von einem Hierarchiedenken, das ich in vielfältigen Erscheinungsformen immer wieder beobachten kann. Nie habe ich in Westunternehmen, in denen kein Zweifel über bestehende Statushierarchien aufkommen kann, eine derart herablassende Behandlung von Hausmeistern, Putzfrauen und Sekretärinnen bemerken können, wie nun bei meinen Ost-Kolleginnen und -Kollegen. Ich habe lange Diskussionen darüber führen müssen, daß es nicht die Aufgabe der Sekretärin ist, für alle Kaffee zu kochen, Mittagessen zu holen oder die gemeinschaftlich benutzte Küche zu reinigen. Du erinnerst Dich an das Erstaunen unserer Freundin M., als der Fahrer des Ost-Vorstandes eines großen Unternehmens zwar von diesem mit Vornamen angesprochen wurde, aber drei Stunden in ungeheiztem Wagen warten durfte. Und das – muß ich leider sagen – ist ein Verhalten, das ich bei Frauen mindestens genauso ausgeprägt fand.

Wie ist das zu erklären, bei Menschen aus einem Land, in dem – wie ich dachte – Menschen nicht oder doch weniger aufgrund ihrer Herkunft oder Bildung diskriminiert wurden? Bei Menschen, die häufig Wärme und Menschlichkeit des sozialistischen Kollektivs vermissen gegenüber den instrumentellen und kalten Beziehungen in marktwirtschaftlichen Unternehmen?

Es wundert mich vor allem bei Ost-Kolleginnen, weil ich sie – mir gegenüber – liebenswürdiger und herzlicher empfinde, als ich dies bei West-Kolleginnen je erlebt habe.

In diesem Zusammenhang frage ich Dich, woher kommt dieses weitverbreitete und tiefsitzende Mißtrauen, das sich in raffiniert ausgeklügelten Kontrollmechanismen äußert, die vom Posteingangs- und -ausgangsbuch über mit Datum und Unterschrift abzuzeichnende Fehlerbücher und Schlüsselordnungen gehen und ein durchdachtes System von vertrauenswürdigen und weniger vertrauenswürdigen Personen schaffen. Was für ein Menschenbild steckt dahinter, was wird hier Kolleginnen, mit denen man ein herzliches und ins Private hineinreichendes Verhältnis pflegt, unterstellt?

Über ein Thema haben wir noch nicht gesprochen, liebe Dorotea. Die Gretchenfrage haben wir bislang ausgespart. Wie haltet Ihr es mit der Frauenfrage und was denkt Ihr über den Feminismus? Mir ist – wie vielen anderen West-Frauen – aufgefallen, daß sich Ost-Frauen heftig gegen Feminismus und »Emanzentum« abgrenzen. Das war für uns eine Enttäuschung, da wir Euch für die emanzipierteren Schwestern gehalten haben. Heute haben wir oft den Eindruck, daß sich Ost-Frauen auf die Seite der Männer stellen und damit unser aller Sache schaden.

Vielleicht ein Wort zum Feminismus, den zu definieren auch in Debatten erprobten Frauen nicht leichtfällt. Ich selbst bezeichne mich laut (wieder einmal) als Feministin. Vor allem deshalb, weil nicht nur von Frauen, sondern vor allem von Männern gerne zwischen guten und schlechten Frauen unterschieden wird. Gut sind jene, die mit sanfter Stimme und Apell an die Gemeinsamkeit von Männern und Frauen moderate Verbesserungen der Lebensqualität von unterprivilegierten Frauen durch eine aktive Einbeziehung der Männer in häusliche Müllentsorgung und Windelwechseln fordern.

Schlecht sind jene, die mit nicht so sanfter Stimme, sondern mit Nachdruck – und damit ganz unweiblich – mehr fordern. Das sind dann Feministinnen, die nach Ansicht vieler Frauen und Männer der guten Sache der Frauen mehr schaden als nützen.

Ich bin der Meinung, daß es nicht die Frauen sind, die der Sache der Frauen schaden, unabhängig davon, ob sie sanft oder lautstark auftreten. Für mich heißt Feminismus, die Dinge aus einer weiblichen Perspektive sehen und parteiisch für Frauen sein. Was nicht notwendigerweise heißt, dem individuellen Mann, Kollegen oder Geliebten subjektiv die Schuld an der mangelnden Gleichberechtigung zu geben. Aber sie alle profitieren davon.

Weshalb ist es Ost-Frauen so wichtig, nicht in den Verdacht zu geraten, gegen Männer zu sein? Weshalb leugnen sie zuweilen die gesellschaftliche Unterprivilegierung von Frauen? Angesichts einer Entwicklung in den neuen Bundesländern, die diese Tatsache aufs Entmutigendste empirisch belegt?

Ist hier das Kapital oder die Marktwirtschaft der größere Gegner als ein gesamtdeutscher Schulterschluß der Männer? Macht die Tatsache, daß es ostdeutschen Männern objektiv schlecht geht, blind gegenüber der Tatsache, daß es ostdeutschen Frauen noch schlechter geht und daß das kein Zufall sein kann?

Unsere engagierte Diskussion über das Ost-West-Thema wird mit diesem Artikel sicher nicht enden, liebe Dorotea. Merken wir doch, daß wir bei allen passenden und unpassenden Gelegenheiten, im Restaurant oder beim Theaterbesuch, stets das Ostwestliche herausarbeiten. Bei Dir sehe ich eine leidenschaftliche Parteinahme und das Bedürfnis aufzuklären, Verständnis für die Befindlichkeit von ostdeutschen Frauen und Männern zu wecken. Als Westdeutsche habe ich große Schwierigkeiten, mich dabei zu ertappen, Verständnis für westdeutsches Verhalten wecken zu wollen, sind wir doch eher darin geübt, uns selbst sehr kritisch zu sehen und schuldbewußt den Beschreibungen der häßlichen Deutschen zuzustimmen. Aber vielleicht gibt es doch den versteckten Wunsch bei mir, daß wenigstens Ihr uns versteht.

Vielleicht aber geht es mir nur wie Professor Higgins, der seinem Freund Pickering in einem wundervollen sehr ironischen Song verzweifelt fragt, weshalb Frauen sich vernünftigerweise nicht einfach so benehmen können, wie man es vernünftigerweise von einem Mann erwarten kann?

In diesem Sinne meine Frage an Dich, liebe Dorotea, warum können Ost-Frauen nicht einfach so sein wie ich?

26. 4. 1993

Liebe Janine,

Du hast lange auf eine Antwort von mir warten müssen. Grund dafür ist nicht, daß mir Dein Brief die Sprache verschlagen hätte, sondern die Tatsache, daß ich mir nach drei Jahren fast ununterbrochenen Schindens einen ausgiebigen Kurlaub gegönnt habe, der »vor- und nachgearbeitet« sein mußte, was jede Menge Entscheidungen zu treffen erforderte – um damit gleich schon mal auf Deinen ersten Vorwurf einzugehen.

Ich bin, wie Du sehr wohl weißt, in keinem festen Beschäftigungsverhältnis, also »frei« und kann Deine Fragen nach Umständlichkeit und Unfähigkeit, Entscheidungen zu treffen, nur dann nachvollziehen, wenn Du sie auf Menschen beziehst, unabhängig davon, ob männliche oder weibliche, östliche oder westliche.

So wie ich müssen fast alle Frauen im Osten ständig Entscheidungen treffen, deren Tragweite sie oft bestenfalls ahnen können. So schön frei wie ich, d.h. frei von einem nicht zu akzeptierenden Chef und den mit einem festen Beschäftigungsverhältnis immer verbundenen Zwängen, trotzdem aber durchaus erwerbstätig, sind leider auch nicht so viele Frauen. Die weitaus größere Zahl ehemals werktätiger Ost-Frauen ist, wie Du weißt, arbeitslos. Sie sind das nicht freiwillig. Diese Entscheidung wurde ihnen von »fürsorglichen« Politikern und Wirtschafts-Laienspielern abgenommen. Sie kamen so in eine Situation, die für jeden, den sie trifft, unangenehm ist – unabhängig, ob in Ost oder in West. Der Unterschied für die ehemaligen DDR-Bürger, und zwar Männlein wie Weiblein, besteht nur darin, daß sie aus einer Atmosphäre der übergroßen Sicherheit heraus in dieses Loch der totalen Unsicherheit fallen. Du, liebe Janine, hast für diese marktwirtschaftliche Gesellschaft wirklich den unschätzbaren Vorteil, darin aufgewachsen zu sein. Du hast sie gewissermaßen mit der Muttermilch eingesogen. Das kann kaum eine Ost-Frau von sich behaupten. Deren Schwierigkeiten fangen immer noch beim Preisvergleich an (den viele, die es sich einigermaßen leisten können, inzwischen zumindest bei den alltäglichen Bedürfnissen aufgegeben haben), gehen über die Probleme beim Erlernen all der Füllsel und Nichtwörter, mit denen sich auch frau gern den Anstrich des Angekommenseins in der anderen Gesellschaft gibt, und machen überhaupt nicht halt bei dem mühsamen Auseinanderklabüstern unterschiedlicher Schultypen oder Versicherungssysteme. Was ich sagen will: Ost-Frauen müssen nicht nur wie alle Ostler das Leben von Null an neu lernen, sie müssen auch noch die Schwierigkeiten von Partnern und Kindern mit verkraften, abfangen oder günstigenfalls sogar produktiv machen. Dabei stellt sich nicht selten heraus, daß die Männer, mit denen sie seit Jahren leben, plötzlich nicht mehr wert sind, als Väter der gemeinsamen Kinder akzeptiert zu werden, weil sie von jetzt auf gleich andere sind oder zumindest sein möchten. Einer, der jahrelang ohne zu murren den Müll runtergetragen hat und sich auch in der Kinderbetreuung emanzipiert zeigte, kehrt jetzt – orientiert an schlechten Westbeispielen und unter Aufblähung der eigenen Bedeutsamkeit – schon mal den Pascha heraus. Die Gesellschaft macht ihm doch von allen Seiten Mut dazu!

Kannst Du Dir vielleicht vorstellen, daß der ganze Wust aus dem oder im Westen – je nachdem – der Frau auch mal über den Kopf wächst, zumal er ja wirklich »immer und überall« ist? Natürlich versucht frau in dieser Situation, Entscheidungen hinauszuzögern, Halt in der Gruppe zu finden, obgleich diese weder im Guten noch im Bösen weiterhin mit dem bislang gewohnten »Kollektiv« vergleichbar ist. Aber wenn sie weiß, daß ihre Kolleginnen und Kollegen – oder nenne sie Mitarbeiter und Mitarbeiterinnen – genauso unsicher oder sicher sind wie sie selbst und aus zumindest ähnlichen Umständen in die jetzigen gekommen sind, ist es da nicht nur zu verständlich, wenn frau in dieser Umgebung versucht, sich Rückhalt zu schaffen? Frau hat früher gegen den gemeinsamen Gegner zusammengehalten, sei er nun Stasi, Parteisekretär oder »bloß« Chauvi gewesen.

Warum sollten solche Mechanismen heute nicht wieder hilfreich sein? Ihr Westler/innen seid das Leben mit und in der Unsicherheit gewöhnt, Ihr kennt gar nichts anderes und könnt Euch natürlich auch das System, wie es hier im Osten war, nicht im Entferntesten vorstellen. Ich sage das nicht vorwurfsvoll, sondern konstatierend und mit der Bitte, erkundigt Euch genau, ehe Ihr Eure mediengezeugten oder verwandtschaftlich produzierten Vor-Urteile fest werden laßt.

In dem Zusammenhang noch etwas zu Schriftlichem. Du, liebe Janine, magst auf Papier Festgehaltenes als Diskussionsgrundlage betrachten, als vorläufige Fixierung von Positionen. Die meisten Ost-Menschen nehmen etwas Geschriebenes aber für endgültig. Sie fühlen sich damit festgelegt. So sind sie es gewohnt, im Guten wie im Bösen. Welche Frau aber, die sich im allgemeinen von allen Seiten belauert, umzingelt, bedroht fühlt, ließe sich gern festlegen, wo doch heutzutage schon ein falsch gesetztes Komma gerichtliche Schritte zur Folge haben kann.

Daß das, was schwarz auf weiß steht, getrost nach Hause getragen werden kann, ist die eine Seite. Auf der andern steht: Papier ist geduldig. Es mag sein, daß gerade Du vom Pech verfolgt wirst in Form von lebensuntüchtigen Frauen oder solchen, die auf die nun schon nicht mehr ganz so neuen, immer noch sehr anderen Lebensverhältnisse nicht eingestellt sind. Nur scheint mir Deine Optik bei der Betrachtung dieses Phänomens etwas verschoben. Hast Du mal auf Deine westlichen Mitmenschen geachtet? Wie viele bundfaltenbehoste Jungdynamiker und Altprotze kannst denn Du ernst nehmen? Wie oft greifst Du Dir wenigstens innerlich an Kopf oder Herz, weil es einer Deiner durchgestylten West-Schwestern mindestens an einem der eben genannten Körperteile gebricht? Und gerade solche Wesen sind es ja leider meist, die mich gelegentlich zu dem Aufschrei treiben: Wenn die so gar nichts zu sagen hat, warum tut sie's dann so laut und fürchterlich affektiert?

Als affektiert empfinde ich die Art, wie Weibchen ihre Männchen umgurren, sei es um sich für die horizontale Betreuung erkenntlich zu zeigen, sei es, um den Griff zur Einkaufsbörse glatter vonstatten gehen zu lassen, sei es, um Gutwetter für Kinder oder Allgemeinbefinden zu machen.

Als affektiert empfinde ich auch Sprache, die ich mal als APO-Latein bezeichnen möchte. Da wird »thematisiert«, »problematisiert«, ich habe zu begreifen, daß ich anders »sozialisiert« bin. Es ist hinlänglich bekannt, daß die deutsche Sprache als einigendes Band nur eine Schimäre war. Aber zum Maßstab für Sprache im gemeinsamen deutschen Topf werden jetzt westliche Kochbücher gemacht. Alles lacht über »Goldbroiler« (außer denen, die wissen, welche Köstlichkeit sich hinter diesem Begriff verbirgt). Niemand regt sich auf über »Outfit«, »Feeling«, »Background«, »Feedback« oder »Styling«, zumal ein »Statement«, gewürzt mit diesen Vokabeln, so schön »up to date« klingt.

Aber laß uns noch einmal beim Anders-sozialisiert-Sein bleiben. Es wird in der Diskussion mit Ostlerinnen nicht als etwas anerkannt, wovon frau im Westen nichts oder zu wenig weiß, sondern es wird als eine zu vernachlässigende Größe dargestellt: »Die Zeit ist vorbei, wir sind enttäuscht vom Sozialismus, von den Frauen im Osten sowieso.« – Und dabei bemüht sich kaum eine um eine wirkliche, produktive Ent-Täuschung. Denn getäuscht haben wir uns alle, in Ost wie in West. Das müssen wir erst einmal wahrnehmen und wahrhaben wollen. Dann können wir Schritt für Schritt der Täuschung mit Kenntnis voneinander zu Leibe rücken.

Nehmen wir beispielsweise die Gleichberechtigung. Ihr im Westen habt geglaubt, daß das gelobte Land diesbezüglich im Osten liegt. Zugegeben, wir waren auch der Meinung, zumal im Alltag vieler Ost-Frauen Propaganda und Realität nicht so weit auseinanderklafften wie auf anderen Gebieten. Denk nur mal an das Netz von Kinderbetreuungseinrichtungen, Frauen-Sonder-Studiengängen und anderen Fördermaßnahmen. Die Defizite an wirklicher Gleichstellung sind sehr vielen von uns erst nach der Wende zu Bewußtsein gekommen. Und wie sah die West-Frau aus Ost-Perspektive aus? Wenn sie nicht Vorzeige-Politikerin oder Hochglanz-Star war, dann sicher treusorgendes, die Karriere des Mannes stützendes Hausmütterchen.

Wir haben uns also falsche Bilder voneinander gemacht. Jetzt wissen wir, daß es so ist. Und? Nehmen wir uns die Zeit, geben wir einander die Gelegenheit, unsere früheren Bilder zu erzählen? Interessieren uns in Ost die Geschichten aus 40 Jahren Westen einschließlich des dortigen Kampfes um Frauenrechte? Wollt Ihr etwa Geschichten davon hören, wie unter den Bedingungen des »erfolgreichen Aufbaus des Sozialismus« nicht nur gelitten, sondern auch gelacht und gelebt wurde?

Nach meinen Beobachtungen ist die Aufgeschlossenheit durchaus beschränkt. Wie aber wollen wir unser Werden begreifen, wenn wir uns nicht unsere Lebensumstände erzählen, wie sie waren, wie sie sind?

Diesen Anspruch, finde ich, sollten wir aneinander haben. Dabei ist die Frage, ob die Hausverwaltung bei unterkühlten Räumen angerufen wird oder nicht, keine grundsätzliche, sondern eine, die mit einem Griff zum Hörer gelöst werden kann. Was die wirklich wichtigen Dinge im Leben angeht, so finde ich Euch manchmal entsetzlich anspruchslos. Wie viele West-Frauen finden sich mit halbgewalkten Beziehungen ausschließlich wegen des Geldes ab und nicht, weil sie so besonders großzügig gegenüber ihren Herren Gatten wären. Wie viele leben lieber gutbezahlt getrennt und einigermaßen reputierlich, denn als Geschiedene mit Kind.

Warum haben so viele Frauen von Euch den aberwitzigen Ehrgeiz, dasselbe Spielchen wie männliche Hohlroller zu inszenieren: Ich habe zwar nichts zu sagen, aber ich muß mich zu Wort melden, um wenigstens zur Kenntnis genommen zu werden? Wäre es nicht Frauensache, diesen Teufelskreis zu durchbrechen und sich aufs Wesentliche zu besinnen? Es muß doch gestattet sein, einmal nichts zu sagen. Vielleicht, um sich ein paar Gedanken mehr zu machen, wie dieses Leben zu meistern sein könnte.

Du wirfst Ostlerinnen Mißtrauen vor. Ist diese westliche Darstellungssucht nicht auch eine Form von Mißtrauen: Die anderen könnten weniger von mir halten, wenn ich nicht in irgendeiner – und sei es im Wortsinne nichtssagender – Weise »Flagge zeige«?

Du verlangst, meine liebe Janine, Ost-Frauen möchten doch bitteschön ihre Meinung offensiv äußern. Was aber, wenn diese Meinung noch nicht gefestigt und schon gar nicht in eine druckreife Formulierung gebracht ist? Wenn sie also angreifbar ist dadurch, daß sie den Wortstamm »Mein« in »Meinung« wörtlich nimmt? Mit ihrer Mein-ung gibt eine Ost-Frau ein Stück von sich selbst preis und empfindet sich damit stärker der Öffentlichkeit ausgesetzt, als das für die eigenmarketinggewohnten West-Frauen der Fall ist. Lösungen zu probieren gehört in der pluralistischen Gesellschaft zum Spiel der Kräfte, der Demokratie – was immer Du willst. Eine Meinung im Sozialismus war entweder Wiederholung der herrschenden und deshalb nur halbherzig angenommen – wenn nicht gänzlich abgelehnt. Oder frau stand mit ihrer ganzen Person dahinter. Dabei vergiß bitte nicht, Janine, daß zu DDR-Zeiten das WIR Vorrang hatte gegenüber dem kleinen, menschlichen Ich.

Jetzt müssen wir im Osten nicht nur das ICH als Maß aller Dinge begreifen, sondern auch die vielen Differenzierungen hinzulernen. Und da soll ich, die ich als Ostlerin ohnehin durch eine viel schärfere Brille beäugt werde, ein Stück von mir zeigen, von dem ich denke, daß es noch nicht publikumsfähig ist? – Janine, versuch´ doch mal, Dich in meine Schuhe zu stellen. Ganz abgesehen davon finde ich schon, daß meine östlichen Schwestern viel mehr aus sich und mit vollem Recht von sich hermachen könnten. Aber darauf muß jede allein kommen.

Und nun ein Wort zum »Hierarchie-Denken«.

Es gehört zu den Täuschungen, denen sich vor allem Linke im Westen über die Zustände im Osten hingegeben haben, daß sie meinten, jenseits des Eisernen Vorhangs lebten die »besseren« Menschen. Manch einen konnten nicht einmal schikanöse Grenzkontrollen von diesem Kinderglauben heilen. Unfaßbar, nicht?

Hierarchie-Denken im Osten hat auch wieder etwas mit dem Ich und dem Wir zu tun. In der DDR waren – wie in der »Farm der Tiere« – per Proklamation alle gleich. Mal abgesehen davon, daß – ebenfalls wie bei Orwell – einige auch »gleicher« waren, fühlten sich eine ganze Reihe von Leuten, die »nur« gleich waren, durchaus als »etwas Besseres«. Da die gesellschaftlichen Strukturen ihnen diesen anderen oder elitären oder höheren Status aber nicht zugestanden, fügten sie sich nach außen in die aufgedrückte Rolle. Für sich, innerlich, in der Familie oder im Freundeskreis stand aber fest, daß sie nicht WIR sind. Es entstand eine gesellschaftliche Schizophrenie, die zum Ansammeln von Aggressionen führte. Aggressionen, die nicht ausgelebt werden konnten. Machtgelüste unterschiedlichen Grades, die nicht befriedigt wurden oder in andere Kanäle gelenkt werden mußten.

Jetzt in der Marktwirtschaft, die sich zwar pluralistisch gibt, wo aber Oben und Unten durchaus klar definiert sind, jetzt leben manche das aus, was sie in der DDR unter dem Deckmantel von allgemeiner Gleichheit glaubten verbergen zu müssen.

Jetzt sitzen wir zwar alle in einem Boot, aber es gibt zwischen Kapitän und Moses viele Ränge. Und wer sich längere Zeit als Maat gefühlt hat, es aber nicht war oder meinte, es nicht sein zu dürfen, der möchte das jetzt, wo unterschiedliche Dienstgrade offiziell anerkannt sind, schon mal »rauslassen«. Du wirst sagen: Primitiv. – Stimmt, ist aber ebenso menschlich wie verständlich.

Schwerer tue ich mich bei dem, was Du, liebe Janine, die Gretchenfrage nennst. Um bei den leichteren Dingen anzufangen: Ich habe einen FacharbeitER-Brief als MechanikER und ein Diplom als Journalist... Beides hat mich bisher weder besonders stolz noch nachdenklich gemacht. Die Begegnung mit der von Dir erwähnten gemeinsamen Freundin J. kurz nach dem Fall der Mauer war allerdings ein Schlüsselerlebnis in mehrfacher Hinsicht für mich: Zum ersten lernte ich, daß ein als technisch eingestufter Beruf wie meiner für eine Frau im Westen nichts Alltägliches ist. Zum zweiten ging mir langsam, aber sicher ein Lichtlein dafür auf, daß Berufsbezeichnungen auch Ausdruck gesellschaftlicher Verhältnisse sind. Beispiele: Eine Frau als Sekretärin ist nichts Besonderes. Ein Mann als Sekretär hingegen... Oder: Ein Mann als Maurer okay, eine Frau als MaurerIN...? Wenn nicht seltsam, doch immerhin selten.

In der DDR gab es viele Frauen in sogenannten männlichen Berufen. Sie empfanden sich nicht im mindesten als exotisch. Es war ihnen selbstverständlich. Sie hatten dafür keine Kämpfe ausfechten müssen.

Daß in dieser Gesellschaft die Frauen nachzufragen vergaßen, wie stark sie an Machtpositionen beteiligt waren, ist mir heute, wenige Jahre nach meiner »Bekehrung«, fast unverständlich.

Wie auch immer. Die Auswirkungen dieses Trugbildes von der selbstverständlichen Gleichstellung führen heute u.a. zu dieser krassen Abwehr des kämpferischen »Feminismus«. Sogar ich versuche meine Pro-Frauenrechts-Gesinnung lieber anders zu benennen, sie zu umschreiben. Vielleicht sollte ich das überdenken. Aber noch assoziiere ich mit »Feministinnen« ziemlich stark unattraktive Wesen, denen Dolche zwischen den Zähnen hervorquellen, wenn sie eines Mannes nur entfernt ansichtig werden. – Gut, gut. Ich weiß es inzwischen besser, kenne viele kluge, kultivierte, weiche, gutaussehende Frauen, auch Politikerinnen.

Im übrigen stimmt nicht, daß Ost-Frauen jetzt noch blind wären für ihre gesellschaftliche Benachteiligung. Zu DDR-Zeiten waren sie es in puncto Führungspositionen sicher. Jetzt aber sprechen die Arbeitslosenzahlen quer durch alle Berufe und Tätigkeiten eine allzudeutliche Sprache. Ganze Industrien, die früher vorwiegend Frauen beschäftigten, sind von der Landkarte verschwunden. Von den kümmerlichen Resten an Kinderbetreuungseinrichtungen ganz zu schweigen. Zu schweigen auch von einer Frauenministerin, die diese Bezeichnung nicht verdient, die – zu allem Unglück und wie zur Bestätigung westweiblicher Vorurteile – auch noch aus dem Osten kommt.

Aber du kannst mir glauben, Janine, daß diese Frau Ministerin, von der ich übrigens glaube, daß sie sich selbst nicht mit der weiblichen Form MinisterIN benennt – also meine Hoffnung ist, daß deren frauenfeindliche Politik breiten feministischen Widerspruch provoziert, in Ost wie in West. Es ist traurig und klingt brutal, aber ich stehe dazu: Manchmal muß es erst richtig schlimm kommen, damit frau den eigenen Weg überdenkt und sich neu orientiert. Viel muß nun, im April 1993, nicht mehr passieren.

Meine liebe Janine, nun komme ich fast genüßlich zum letzten Absatz Deines »Bekennerinnen-Schreibens«. Ihr Westdeutschen seid also darin geübt, Euch kritisch zu sehen. Das mag auf das Verhältnis zum »häßlichen Deutschen« zutreffen. In gesamtdeutschen Frauenangelegenheiten seid Ihr davon noch weit entfernt. Sonst würdest Du nicht die westdeutsche Sicht zum Maß aller Dinge machen, indem Du den ollen Higgins zitierst. Sicher, wir hatten drei Jahre Zeit, uns mit Euren Verhältnissen, die nun auch die unsern sind, vertraut zu machen. Aber hattet Ihr nicht die gleiche Zeit, unser Leben oder wenigstens unsere Länder kennenzulernen?

Ich kann Dir nur raten, meine Liebe, Du solltest auf gar keinen Fall in Dich gehen, sondern Dich bessern.

Laß uns einander auf die frauenpolitischen Sprünge helfen, damit wir eines Tages doch noch die Deutsche Damen Republik schaffen.

In diesem Sinne sei herzlich gegrüßt
Deine Dorotea

Autorinnenverzeichnis

ULRIKE BAUREITHEL
Geboren 1957 in Freiburg/Breisgau. Sie verschlug es mit der Wende 1989 nach Berufstätigkeit und Studium der Literaturwissenschaft, Geschichte und Soziologie vom Oberrhein an die Spree, wo sie als Redakteurin und freie Publizistin wirkt und versucht, die vielfältigen Zerrissenheiten miteinander zu versöhnen. Keine Kinder.

JANINE BERG-PEER
Geboren 1944 in Mecklenburg-Vorpommern als Tochter eines Deutschen und einer Französin-Griechin, aufgewachsen im Rheinland. Zwei Jahre Studium in Kairo, 15 Jahre Ehe mit einem indischen Südafrikaner und fünf Jahre Berufstätigkeit an einer multinationalen Institution haben ihr die interkulturelle Konfrontation zum Alltag und Gegenstand wissenschaftlichen Interesses werden lassen. Nach dem Studium der Soziologie und Bildungsökonomie einige Jahre Frauenforschung an der TU Berlin, danach lange Jahre Leiterin des Außenreferats einer europäischen Business School, danach ein Jahr Projektkoordinatorin bei einer Unternehmensberatung im Ostteil Berlins. Seit einem Jahr als Beraterin bei einer amerikanischen Outplacementberatung, daneben Trainerin im Bereich Interkulturelles Management, Forschungsarbeiten zu diesem Thema. Vier Kinder und zwei Enkelkinder.

BIRGIT BÜTOW, GEB. GABRIEL
Geboren 1961 in Kleinmachnow, Soziologiestudium in Leipzig, 1989 Promotion über geschlechtsspezifische Sozialisationsbedingungen von Studentinnen - als Alleinstehende mit Kind. Kurz nach Gründung der Leipziger Fraueninitative 1989 Mitgliedschaft, Gründungsmitglied von »alma - Frauen in der Wissenschaft e.V.«, Beteiligung an und selbständige Konzipierung und Durchführung von zahlreichen Forschungsprojekten, insbesondere über Frauen in Sachsen; Mitarbeiterin am DJI, Abt. Jugend und Politik (keine geschlechts-

spezifischen Inhalte, als Brötchenerwerb), nebenamtlich Projektleiterin »Forschungsgruppe Frauenforschung«. Seit 1990 auf dem Land lebend. 1992 Heirat des selbständigen Handwerksmeisters Reinhard. Ihr Sohn Karl Johann ist sieben Jahre alt.

DANIELA DAHN

Geboren 1949 in Berlin, Studium der Journalistik in Leipzig, Arbeit beim Fernsehen, Kündigung 1981, Rückzug aus der journalistischen Tätigkeit, seit 1982 freischaffende Autorin in Berlin und Mecklenburg: »Spitzenzeit« (1982), »Prenzlauer Berg-Tour« (1987), Feature, Hörspiele, Essays. Gründungsmitglied des »Demokratischen Aufbruchs«, später Rückzug, mehrere Aufenthalte in den USA als writer in residence. PEN-Mitglied seit 1990, verheiratet, eine Tochter: Josefine.

ELKE DIEHL

Geboren 1954 in Mainz, Studium der Publizistik und Rechtswissenschaften, nach dem zweiten juristischen Staatsexamen journalistische Tätigkeit für Printmedien und Fernsehen, zahlreiche Veröffentlichungen und Beiträge zu frauen- und rechtspolitischen Themen, seit 1992 Redakteurin in der Bundeszentrale für politische Bildung. Keine Kinder.

INES GEIPEL

Geboren 1960 in Dresden, drei Geschwister, mit 14 Jahren Internatsschule Wickersdorf, ab 18 Jahren Leistungssportlerin in Jena, sieben Jahre Nationalmannschaft Leichtathletik, 1980-89 Studium der Diplomgermanistik in Jena, drei Jahre Ehe, Anfang September 1989 Flucht in die BRD, Gelegenheitsjobs, 1990-93 Magisterstudium Philosophie und Soziologie in Darmstadt, 1993 Beginn einer literaturwissenschaftlichen Dissertation. Keine Kinder.

ULRIKE HELWERTH

Geboren 1955, Schwäbin, Wahlberlinerin, Werkzeugmacherin, Soziologin, Journalistin. Ex-Frauenredakteurin der taz, im Moment Stipendiatin des Förderprogramms Frauenforschung des Berliner Senats für Arbeit und Frauen. Forscht als solche zusammen mit einer Kollegin aus dem Osten über »Fremde Schwestern. Differenzen zwischen Feministinnen und frauenpolitsch aktiven Frauen in Ost- und Westdeutschland. Ursachen für ihre Mißverständnisse und Verständigungsschwierigkeiten.« Keine Kinder.

MECHTILD JANSEN

Geboren 1952 in Köln. Studium der Soziologie, Psychologie und Sozialpädagogik in Tübingen, Bonn und Bremen. Diplom-Sozialwissenschaftlerin, gegenwärtig als freie Publizistin tätig. Arbeitsschwerpunkte: Frauenpolitik, Außen- und Sicherheitspolitik, Parteien, soziale Bewegungen, Gewerkschaften, allgemeine Politik, theoretische Fragen alternativer Politik. Engagiert einst in der Studentenbewegung, später in der Friedens- und Frauenbewegung und Demokratieinitiativen. Keine Kinder.

HELLA KAISER

Geboren 1954, aufgewachsen in schönster niedersächsischer Provinz. Nach Diplom in Volkswirtschaft und Publizistik an der FU Berlin im Journalismus gelandet. Das verflixte siebente Jahr als Redakteurin beim »Tagesspiegel« zum Sprung in die schreibende Freiheit für Funk und Printmedien genutzt. Keine Kinder.

GISELA KARAU

Geboren 1932 in Berlin. Nach zwölf mehrfach durch Kriegsereignisse unterbrochenen Schuljahren 1950 Abitur, danach Volontariat in der »BZ am Abend«, nach fünfjähriger Redakteursausbildung als freiberufliche Lokalreporterin und Kolumnistin tätig. Anfang der 70er Jahre Beginn der literarischen Tätigkeit mit dem Kinderbuch »Der gute Stern des Janusz K.«. Danach biographische Erzählungen über Persönlichkeiten der deutschen Arbeiterbewegung. »Berliner Liebe« (Roman); »Familienkrach« (Roman); »Die Liebe der Männer« (Roman) schildert am Beispiel einer Frau, die nach dem Verlust ihres Partners in heftiger Unbedenklichkeit leben übt, den Umbruch der gesellschaftlichen Verhältnisse in der DDR bis zum November 1989. Der nachfolgende Roman »Ein gemachter Mann« beschäftigt sich mit Aufstieg und Sturz eines DDR-Mächtigen. Weitere Titel zur Geschichtsaufarbeitung der DDR, neben schriftstellerischer Arbeit als freiberufliche Journalistin tätig. Zwei Kinder.

Annerose Kirchner

Geboren 1951 in Leipzig, lebt als freie Autorin in Gera. Veröffentlichungen von Prosa und Lyrik in Anthologien (DDR, BRD, CSFR, UdSSR, Italien, Frankreich, USA). Lyrikbände: »Mittagsstein« (1979), »Im Maskensaal« (1989). Bibliophile Ausgaben: »Zwischen den Ufern« (1991), »Doppelkopf« (1992) gemeinsam mit Thomas Böhme. Keine Kinder.

Dorotea Lieber

Geboren 1947 im westlichsten Teil der Oberlausitz. Abitur und Facharbeiterbrief als Mechaniker in Radeberg. Rundfunkvolontariat in Cottbus und Berlin. Journalistikstudium in Leipzig (1969 - 1976). 1976 - 1977 Wirtschaftsredakteurin bei Radio DDR. Seither in Berlin lebend. 1977 - 1980 ohne feste Arbeit infolge Parteiaustritt. 1980 - 1991 Rundfunkredakteurin, -reporterin und -moderatorin. Seit 1991 freie Journalistin und PR-Beraterin. Geschieden. Keine Kinder.

Astrid Luthardt

Geboren 1954 im südthüringischen Karnevalstädtchen Wasungen. Da sie nach Beendigung des Abiturs keinen Studienplatz bekam, wurde die Ausbildung zur Archivarin trotzig hingenommen. 1976–80 Studium der Gesellschaftswissenschaft in Moskau – trotz gesellschaftlicher Stagnation frohe Lebenszeit; danach verschiedene Funktionen im FDJ-Apparat, viel rumgerannt, rumgereist, wenig erreicht. 1989 - ein Jugendtraum wird wahr: Rundfunkarbeit bei DT 64. 1991 unerwartet glückliche Geburt von Maximiliano, seitdem »doppelt-freie« Journalistin, die unwillig in die neue-alte Gesellschaft hineinwächst.

Uta Meier

Geboren 1952 in Erfurt, Studium der Wirtschaftswissenschaften und Soziologie an der Humboldt-Universität in Berlin. 1986 Habilitation auf dem Gebiet der Familiensoziologie, Professur. Wenige Wochen vor der Wende verließ sie illegal die DDR. Seither lebt sie in München und arbeitet am Deutschen Jugend Institut. Mehrere Lehrstuhlvertretungen in München, Lehraufträge in München und Bamberg, Vorträge zu aktuellen sozialwissenschaftlichen Themen, auch zur Debatte über den Paragraphen 218. Seit Frühjahr 1993 ist sie Erste Vorsitzende von »pro familia«. Forschungsschwerpunkte: Frauenforschung, Familiensoziologie, Berufs-, Kindheits- und Jugendforschung. Sie hat einen 19jährigen Sohn, der zur Zeit eine Zimmererausbildung in München absolviert.

Sigrid Metz-Göckel

Geboren 1940 in Oberschlesien bzw. Polen, wo sie die Grundschule besuchte. Ihre Sozialisation in Westdeutschland gab ihr die Fähigkeit, mit dem Blick der Fremden auf Vertrautes zu schauen. So wurde sie früh in den 70ern frauenbewegt und patriarchatskritisch. Sie war in vielen Initiativen der westdeutschen Frauenbewegung engagiert. Hochschullehrerin zu werden war ihr nicht unbedingt in die Wiege gelegt, aber nach dem Soziologiestudium in Frankfurt ist sie mit Leidenschaft in der Wissenschaft hängengeblieben. 1976 erhielt sie einen Ruf nach Dortmund, wo sie zur Leiterin des Hochschuldidaktischen Zentrums der Universität ernannt wurde. Beschäftigung mit Hochschulforschung/Hochschuldidaktik sowie mit Frauen- und Geschlechterforschung. Verheiratet, keine Kinder.

Katrin Rohnstock

Geboren 1960 in Jena. Ab der sechsten Lebenswoche in betrieblichen Kindereinrichtungen. 1984 als unbelehrbare Rebellin im vierten Studienjahr der Diplomgermanistik von der Schiller Universität Jena exmatrikuliert; drei Jahre Bewährung in der sozialistischen Produktion; Beendigung des Studiums an der Humboldt Universität Berlin. Seit 1982 Beschäftigung mit Frauenliteratur und -forschung. Der Traum einer emanzipatorischen Frauenzeitschrift geht 1990 in Erfüllung: Sie ist Mitbegründerin und später Chefredakteurin des emanzipatorischen, überregionalen Monatsmagazins »Ypsilon - Zeitschrift aus Frauensicht«. Als dem herausgebenden Verlag für die Frauensicht die Gelder ausgingen, gründete sie gemeinsam mit Journalistinnen »Fakta Frauenmedienbüro e.V.«, das sie leitete. Seit Oktober 1993 freischaffende Publizistin. 1987 Geburt des Sohnes Nepomuk, 1989 Geburt der Tochter Tonka.

Hannelore Scholz

Geboren 1942 in Stralsund, Lehrerstudium, 1983 Promotion, 1988 Habilitation zu spezifischen Aspekten der Geschlechterproblematik: »Weiblichkeit und Frauenbild in der Literatur um 1800. Exemplarische Analysen zu ausgewählten Werken von Lessing, Schiller, Schlegel.« Seit den 70er Jahren Engagement für Frauenpolitik und deren literarisch-künstlerische Reflexion in der DDR, Mitinitiatorin des Unabhängigen Frauenverbandes (UFV), seitdem aktiv in der Frauenpolitik. Gründung und Leitung des Arbeitskreises »Feministische Literaturwissenschaft«; von 1991 bis 1993 wissenschaftliche Leiterin des Zentrums für interdisziplinäre Frauenforschung an der Humboldt Universität Berlin. Zwei erwachsene Töchter, die sie vorwiegend allein erzog.

Ulrike Stöhring

Geboren 1962 in Mecklenburg, Studium der Kultur- und Kunstwissenschaft an der Humboldt Universität in Berlin. 1984 Geburt des Sohnes Friedrich. Arbeit als Galeristin, verschiedene kunstkritische Publikationen, lebt in Berlin (Ost), geschieden.

Regine Sylvester

Geboren 1946 in Berlin, Abitur, Schneiderlehre, Studium der Theaterwissenschaft/Philosophie an der Humboldt Universität Berlin, Assistentin an der Filmhochschule Potsdam, Filmautorin bei der DEFA, arbeitslos, seit 1992 stellvertretende Chefredakteurin der »Wochenpost«. Geschieden, lebt mit der 16jährigen Tochter Anna Laura in Berlin. Filme: »Die Alleinseglerin«, 1987 (Autorin); »Die Zeit, die bleibt«, Dokumentarfilm über Konrad Wolf (Mitautorin); »Fiftyfifty - Ostberliner Frauen ein Jahr nach der Wende«, 1990, (Buch und Regie).

Elisabeth Wesuls

Geboren 1954 in Kemtau/Erzgebirge. Ausbildung zur Chemielaborantin, Fachschulstudium der Chemie in Berlin, anschließend Arbeit in der biochemischen Forschung. Ab 1980 Pförtnerin, um genügend Zeit zum Schreiben zu haben, erste Gedichtveröffentlichungen. Heirat, 1982 Geburt der Tochter. Von da an freiberuflich und mit Betreuung der Kinder beschäftigt - 1985 Geburt des Sohnes. Gedichte und - später - Essays. Lebt in Ost-Berlin. »Poesiealbum 216«, Gedichte, 1985; Gedichte, Kurzprosa und Essays in Zeitungen, Zeitschriften und Anthologien.

MARGRIT ZAUNER
Geboren 1961 als österreichische Staatsbürgerin in Berlin (ehemals West). Nach Banklehre und Studium der Betriebswirtschaft arbeitet sie als wissenschaftliche Mitarbeiterin bei KOBRA - Koordinierungs- und Beratungszentrum für die Weiterbildung von Frauen - in Berlin, mit dem Schwerpunkt »Frauenförderung in Betrieben und Verwaltungen«, verschiedene Veröffentlichungen zum Thema »Frauenförderung«. Keine Kinder.

Die Frau in der Gesellschaft

Sigrid Arnade
**Weder Küsse
noch Karriere**
Erfahrungen be-
hinderter Frauen
Band 10624

K. Bareiter
**Depression – Rück-
zug aus dem Leben**
Aufzeichnungen
Band 10571

Marion Beckerle
**Depression:
Leben mit dem
Gesicht zur Wand**
Erfahrungen von
Frauen. Band 4726

Dagmar Bielstein
**Von verrückten
Frauen**
Notizen aus der
Psychiatrie
Band 10261

Ingeborg Bruns
**Als Vater aus dem
Krieg heimkehrte**
Töchter erinnern
sich. Band 10300

D. Cameron/
Elizabeth Frazer
Lust am Töten
Eine feministische
Analyse von Sexual-
morden. Band 11136

Anne Finger
Lebenswert
Eine behinderte
Frau bekommt ein
Kind. Band 10828

Ruth First
Gefangener Mut
117 Tage in einem
südafrikanischen
Gefängnis
Band 4754

Gisela Friedrichsen
Abtreibung
Der Kreuzzug
von Memmingen
Band 10625

Dietrich Gronau/
Anita Jagota
**Ich bin Stadt-
streicherin**
Über das Leben
obdachloser Frauen
Band 11277
**Über alle
Grenzen verliebt**
Beziehungen
zwischen deut-
schen Frauen
und Ausländern
Band 10148

Fischer Taschenbuch Verlag

Die Frau in der Gesellschaft

Chaika Grossman
**Die Unter-
grundarmee**
Der jüdische Wider-
stand in Bialystok
Ein autobio-
graphischer Bericht
Band 11598

Imme de Haen
**»Aber die
Jüngste war die
Allerschönste«**
Band 3744

Judith Jannberg
Ich bin ich
Aufgezeichnet von
Elisabeth Dessai
Band 3735
**Leben lieben -
Liebe leben**
Aufgezeichnet von
Renate Luthwig
Band 11386

H. Jansen (Hg.)
**Freundschaft über
sieben Jahrzehnte**
Rundbriefe
deutscher Lehrerin-
nen 1899 - 1968
Band 10635

M. Janssen-
Jurreit (Hg.)
**Frauen und
Sexualmoral**
Band 3766

H. Klostermann
**Alter als Heraus-
forderung**
Frauen über
sechzig erzählen
Band 3751

Katja Leyrer
**Hilfe! Mein Sohn
wird ein Macker**
Band 4748
Weiberkram
Band 10872

E. Moltmann-
Wendel (Hg.)
Frau und Religion:
Gotteserfahrungen
im Patriarchat
Band 3738

Kristel Neidhart
**Er ist jünger -
na und?**
Protokolle
Band 4741

Fischer Taschenbuch Verlag

fi 404 / 9 b

Die Frau in der Gesellschaft

K.Oguntoye/
M.Opitz/
D.Schultz (Hg.)
Farbe bekennen
Afro-deutsche
Frauen auf den
Spuren ihrer
Geschichte
Band 11023

Susi Piroué
**Vom Vergnügen,
mit sich selbst
zu reisen**
Band 10632

I.Rieder/
P.Ruppelt (Hg.)
**Frauen sprechen
über Aids**
Band 10033

Sabine Rohlfs
Frauen und Krebs
Vom Umgang mit
einer Krankheit
Band 11792

Erika Schilling
**Manchmal hasse
ich meine Mutter**
Gespräche
mit Frauen
Band 3749

M. Schmitt (Hg.)
Fliegende Hitze
Band 3703

Leona Siebenschön
Der achte Himmel
Wie Ehen gelingen
Band 10307

Verena Stefan
Es ist reich gewesen
Bericht vom Sterben
meiner Mutter
Band 11678

Celeste West
Lesben-Knigge
Ein Ratgeber für
alle Lebenslagen
Band 10614

Lindy Ziebell/
Chr. Schmerl/
H.Queisser
**Lebensplanung
ohne Kinder**
Band 10859

Dorit Zinn
**Mein Sohn
liebt Männer**
Band 11260

Fischer Taschenbuch Verlag

fi 404 / 3 c

Die Frau in der Gesellschaft

Fischer Taschenbuch Verlag

Die Frau in der Gesellschaft

Sigrid Müller/
Claudia Fuchs
**Handbuch zur
nichtsexistischen
Sprachverwendung
in öffentlichen
Texten.** Band 11944

R. Sadrozinski (Hg.)
Grenzverletzungen
Sexuelle Belästigung
im Arbeitsalltag
Band 11521

Ursula Scheu
**Wir werden
nicht als Mädchen
geboren - wir wer-
den dazu gemacht**
Band 1857

Eva Schindele
**Gläserne
Gebär-Mutter**
Vorgeburtliche
Diagnostik – Fluch
oder Segen. Bd. 4759

Alice Schwarzer
**Der »kleine«
Unterschied und
seine großen
Folgen**
Band 1805
Von Liebe + Haß
Band 11583
Warum gerade sie?
Weibliche Rebellen
Begegnungen mit
berühmten Frauen
Band 10838

A. Schwarzer (Hg.)
**Krieg – Was Män-
nerwahn anrichtet**
und Wie Frauen
Widerstand leisten
Band 11135

Monique R. Siegel
**Weibliche
Führungskunst**
Band 11117

Senta Trömel-Plötz
**Frauensprache –
Sprache der
Veränderung**
Band 3725

S. Trömel-Plötz (Hg.)
**Gewalt durch
Sprache.** Band 3745

Hedi Wyss
**Das rosarote
Mädchenbuch**
Ermutigung
zu einem neuen
Bewußtsein
Band 1763

Ursula Ziebarth
**Eine Frau
aus Gold**
Über das Zutrauen
zum Weiblichen
Band 10880

Fischer Taschenbuch Verlag

Die Frau in der Gesellschaft

Fischer Taschenbuch Verlag

Die Frau in der Gesellschaft

Signe Hammer
**Töchter
und Mütter**
Über die Schwierig-
keiten einer Bezie-
hung. Band 3705

Gertraud Heise
**Reise in die
schwarze Haut**
Ein Tagebuch
Band 3762

Nancy M. Henley
Körperstrategien
Geschlecht, Macht
und nonverbale
Kommunikation
Band 4716

I. Hülsemann
Ihm zuliebe?
Abschied
vom weiblichen
Gehorsam
Band 10407

Monika Jonas
**Behinderte
Kinder-
behinderte
Mütter?**
Die Unzumutbarkeit
einer sozial arran-
gierten Abhängig-
keit. Band 4756

Gisela Kramer
**Wer ist die Beste
im ganzen Land?**
Konkurrenz unter
Frauen. Bd. 11292

Linda Leonard
**Töchter
und Väter**
Heilung einer ver-
letzten Beziehung
Band 4745

Harriet G. Lerner
**Das mißdeutete
Geschlecht**
Falsche Bilder der
Weiblichkeit in
Psychoanalyse
und Therapie
Band 11842
**Wohin mit
meiner Wut?**
Neue Beziehungs-
muster für Frauen
Band 4735
Zärtliches Tempo
Wie Frauen ihre
Beziehungen ver-
ändern, ohne sie
zu zerstören
Band 10115

Fischer Taschenbuch Verlag

Die Frau in der Gesellschaft

H. Lightfoot-Klein
Das grausame Ritual
Sexuelle Verstümmelung afrikanischer Frauen
Band 10993

Karen Lison/
Carol Poston
Weiterleben nach dem Inzest
Traumabewältigung und Selbstheilung
Band 10422

C. Meier-Seethaler
Ursprünge und Befreiung
Die sexistischen Wurzeln der Kultur
Band 11038

M. Mitscherlich
Die friedfertige Frau
Eine psychoanalytische Untersuchung zur Aggression der Geschlechter
Band 4702

Ulla Roberts
Starke Mütter – ferne Väter
Töchter reflektieren ihre Kindheit im Nationalsozialismus und in der Nachkriegszeit
Band 11075

Penelope Shuttle/
Peter Redgrove
Die weise Wunde Menstruation
Band 3728

Ingrid Strobl
»Sag nie, du gehst den letzten Weg«
Frauen im bewaffneten Widerstand gegen den Faschismus
Band 4752

Gerda Szepansky
»Blitzmädel«, »Heldenmutter«, »Kriegerwitwe«
Frauenleben im Zweiten Weltkrieg
Band 3700
Frauen leisten Widerstand: 1933 - 1945
Band 3741

Fischer Taschenbuch Verlag

Die Frau in der Gesellschaft

Maya Angelou
Ich weiß, daß der
gefangene Vogel
singt. Band 4742

Mariama Bâ
Der scharlach-
rote Gesang
Roman. Band 3746

G. Brinker Gabler
Deutsche Dichte-
rinnen vom
16. Jahrhundert
bis zur Gegenwart
Gedichte und
Lebensläufe
Band 3701

Janina David
Leben aus
zweiter Hand
Roman. Band 4744

M. Rosine De Dijn
Die Unfähigkeit
Band 3797

Anna Dünnebier
Eva und die
Fälscher
Roman. Band 4728

A. Dünnebier (Hg.)
Mein Genie
Haßliebe zu
Goethe & Co.
Band 10836

Ursula Eisenberg
Tochter eines
Richters
Roman. Band 10622

Oriana Fallaci
Brief an ein nie
geborenes Kind
Band 3706

M. Gabriele Göbel
Amanda oder
Der Hunger
nach Verwandlung
Erzählungen
Band 3760

A.-M. Grisebach
Eine Frau
Jahrgang 13
Roman einer unfrei-
willigen Emanzipa-
tion. Band 4750
Eine Frau
im Westen
Roman eines
Neuanfangs
Band 10467

Helga Häsing
Unsere Kinder,
unsere Träume
Band 3707

Helga Häsing/
I. Mues (Hg.)
Du gehst fort,
und ich bleib da
Gedichte und
Geschichten von
Abschied und
Trennung
Band 4722

Fischer Taschenbuch Verlag

fi 20 / 23 a

Die Frau in der Gesellschaft

Helga Häsing/
I. Mues (Hg.)
Vater und ich
Eine Anthologie
Band 11080

**Bessie Head
Die Farbe
der Macht**
Roman. Band 11679

B. Head/
E. Kuzwayo/
N. Gordimer u. a.
**Wenn der
Regen fällt**
Erzählungen
aus Südafrika
Band 4758

**Jutta Heinrich
Alles ist Körper**
Extreme Texte
Band 10505
**Das Geschlecht
der Gedanken**
Roman. Band 4711

Irma Hildebrandt/
Eva Zeller (Hg.)
**Das Kind, in
dem ich stak**
Gedichte und
Geschichten über
die Kindheit
Band 10429

**Sibylle Knauss
Erlkönigs Töchter**
Roman. Band 4704

**Rosamond Lehmann
Aufforderung
zum Tanz**
Roman. Band 3773
Der begrabene Tag
Roman. Band 3767
Dunkle Antwort
Roman. Band 3771
**Der Schwan
am Abend**
Fragmente
eines Lebens
Band 3772

Rosamond Lehmann
**Wie Wind in
den Straßen**
Roman. Band 10042

M. Lohner (Hg.)
**Was willst du,
du lebst**
Trauer und Selbst-
findung in Texten
von Marie Luise
Kaschnitz
Band 10728

**Audre Lorde
Zami**
Ein Leben
unter Frauen
Band 11022

**Monika Maron
Flugasche**
Roman. Band 3784

**Johanna Moosdorf
Die Andermanns**
Roman. Band 11191

Fischer Taschenbuch Verlag